浙江省新型重点专业智库杭州国际城市学研究中心
浙江省城市治理研究中心成果

王国平　总主编

杭州寻宋

吴铮强　曾晓祺　著

浙江大学出版社

《南宋全书》总序

王国平

　　2007年12月22日，举世瞩目的我国南宋商船"南海一号"在广东阳江海域打捞出水。根据探测情况估计，整船金、银、铜、铁、瓷器等文物可能达到6万～8万件，据说皆为稀世珍宝。迄今为止，除了中国，全世界都未曾发现过如此巨大的千年古船。"南海一号"的发现，在世界航海史上堪称一大奇迹，也填补与复原了南宋海上"丝绸之路"历史的一些空白。[1] 不少专家认为"南海一号"的价值和影响力将不亚于西安秦始皇兵马俑。这艘沉船虽然出现在广东海域，但反映了整个南宋经济、文化的繁荣，标志着南宋社会的开放，也表明当时南宋引领着世界经济的发展。作为南宋政治、经济、文化、科技中心的都城临安（浙江杭州），则是南宋社会繁华与开放的代表。从某种意义上讲，没有以临安为代表的南宋的繁荣与开放，就不会有今日"南海一号"的发现；而"南海一号"的发现，也为我们重新审视与评价南宋，带来了最好的注解、最硬的实证。

　　提起南宋，往往众说纷纭，莫衷一是。长期以来，不少人把"山外青山楼外楼，西湖歌舞几时休？暖风熏得游人醉，直把杭

---

[1]　见《"南海一号"成功出水》一文，载《人民日报》2007年12月23日。

州作汴州"[1]这首曾写在临安城一家旅店墙上的诗,当作当时南宋王朝的真实写照。虽然近现代已有海内外学者开始重新认识南宋,但相当一部分人仍认为南宋军事上妥协投降、苟且偷安,政治上腐败成风、奸相专权,经济上积贫积弱、民不聊生,生活上纸醉金迷、纵情声色,总之,把南宋王朝视为一个只图享受、不思进取的偏安小朝廷。导致这种历史误解的原因,在很大程度上是人们对患有"恐金病"的宋高宗和权相秦桧一伙倒行逆施的义愤,这是可以理解的。但是,我们决不能坐在历史的成见之上人云亦云。只要我们以对历史负责、对时代负责、对未来负责的精神和科学求实的态度,以科学发展观为指导,对南宋进行全面、深入、系统的研究,将南宋放到当时的历史发展阶段中,放到中国社会发展的历史长河中,放到整个世界的文明进程中考察,就不难发现南宋在经济政治、思想文化、科学技术、国计民生等方面所取得的成就,就不难发现南宋对中华文明产生的巨大影响,以此对南宋做出科学、客观、公正的评价,"还原一个真实的南宋"。

宋钦宗靖康元年(1126)闰十一月,金军攻陷北宋京城开封。次年三月,金军俘徽、钦二帝北去,北宋灭亡。同年五月,宋徽宗第九子、钦宗之弟赵构,在应天府(河南商丘)即位,是为高宗,改元建炎,重建赵宋王朝。建炎三年(1129)二月,高宗来到杭州,改州治为行宫,七月升杭州为临安府。此时起,杭州实际上已成为南宋的都城。绍兴八年(1138),南宋宣布临安府为"行在所",正式定都临安。自建炎元年(1127)赵构重建宋室,至祥兴二年(1279)帝昺蹈海灭亡,历时153年,史称"南宋"。

我们认为,研究与评价南宋,不应当仅仅以王朝政权的强弱为依据,而应当坚持"以人为本"理念,以人们生存与生活状态

---

[1]（南宋）林升:《题临安邸》,转引自田汝成:《西湖游览志余》卷二《帝王都会》,上海古籍出版社 1980 年版,第 14 页。

的改善作为社会进步的根本标准。许多人评价南宋，往往把南宋朝廷作为对象，我们认为所谓"南宋"，不仅仅是一个历史王朝的称谓，而主要是指一个特定的历史阶段和历史时期。在马克思主义看来，历史的进步是社会发展和人的发展相统一的过程，"人们的社会历史始终只是他们的个体发展的历史"，[1] 未来理想社会"以每个人的全面而自由的发展为基本原则"。[2] 人是社会发展的主体，人的自由与全面发展是社会进步的最高目标。这就要坚持"以人为本"的科学发展观，将人的生存与全面发展作为评价一个历史阶段的根本依据。南宋时期，虽说尚处在中国封建社会的中期，人的自由与发展受到封建集权思想与皇权统治的严重束缚，但与宋代以前漫长的封建历史时期相比，这一时期出现的对人的生存与生活的关注度以及南宋人的生活质量和创造活力达到的高度都是前所未有的。

研究与评价南宋，不应当仅仅以军事力量的强弱作为评价依据，而应当还以社会经济、文化整体状况与发展水平的高低作为重要依据。我们评判一个朝代，不仅要考察其军事力量的大小，更要看其在经济、文化、科技、社会等各方面取得的成就。两宋立国320年，虽不及汉唐、明清国土辽阔，却以在封建社会中无可比拟的繁荣和社会发展的高度，跻身于中国古代最辉煌的历史时期之列。无论文化教育的普及、文学艺术的繁荣、学术思想的活跃、科学技术的进步，还是社会生活的丰富多彩，南宋都达到了前所未有的程度，在当时世界上也都处于领先地位。著名史学家邓广铭认为"宋代的文化，在中国封建社会历史时期之内，截至明清之际西学东渐的时期为止，可以说，已经达到了登峰造极的高度"。[3]

---

[1]《马克思恩格斯选集》第4卷，人民出版社1995年版，第321页。
[2]《马克思恩格斯选集》第23卷，人民出版社1995年版，第649页。
[3] 邓广铭：《宋代文化的高度发展与宋王朝的文化政策》，《历史研究》1990年第1期。

研究与评价南宋，不能仅仅以某些研究的成果或所谓的"历史定论"为依据，而应当以其在人类文明进步中扮演的角色，以及对后世的影响作为重要标准。宋朝是中国封建社会里国祚最长的朝代，也是封建文化发展最为辉煌的时期。南宋虽然国土面积只有北宋的3/5左右，却维持了长达153年（1127—1279）的统治。南宋不但对中国境内同时代的少数民族政权和周边国家产生了积极影响，而且对后世中华文化产生了巨大影响。正如近代著名思想家严复认为："中国所以成于今日现象者，为善为恶，姑不具论，而为宋人所造就，什八九可断言也。"[1]近代史学大师陈寅恪先生也曾经指出："华夏民族之文化，历数千载之演进，造极于赵宋之世。"[2]因此，我们既要看到南宋王朝负面的影响，更要充分肯定南宋的历史地位与历史影响，只有这样，才能"还原一个真实的南宋"。

一、在政治上，不但要看到南宋王朝外患深重、苟且偷安的一面，更要看到爱国志士精忠报国、南宋政权注重内治的一面

南宋时期民族矛盾异常尖锐，外患严重之至，前期受到北方金朝的军事讹诈和骚扰掠夺，后期又受到蒙元的野蛮侵略。这些矛盾长期威胁着南宋政权的生存与发展。在此情形下，南宋初期朝廷中以宋高宗为首的主和派，积极议和，向女真贵族纳贡称臣。南宋王朝确实存在消极抗战、苟且偷安的一面，但也要承认南宋王朝大多君王始终怀有收复中原的愿望。南宋将杭州作为"行在所"，视作"临安"而非"长安"，也表现了南宋统治集团不忘收复中原的意愿。我们更应该看到南宋153年中，涌现了以岳飞、

[1] 严复:《严几道与熊纯如书札节钞》，江苏古籍出版社1999年影印本，载《学衡》第13期。
[2]《陈寅恪先生文集》第2卷，上海古籍出版社1980年版，第245页。

文天祥为代表的一大批爱国将领和数百名爱国仁人志士。这是中国古代任何一个朝代都难以比拟的。

同时，南宋政权也十分注重内治，在加强中央集权制度，推行"崇尚文治"政策，倡导科举不分门第等方面均有重大建树。其主要表现在以下几方面。

1. 从军事斗争上看，南宋是造就爱国志士、民族英雄的时代

南宋王朝长期处于外族入侵的严重威胁，为此南宋军民进行了100多年艰苦卓绝的抵抗斗争，涌现了无数气壮山河、可歌可泣的爱国事迹和民族英雄。因而，南宋是面对强敌、英勇抗争的时代。众所周知，金朝是中国历史上继匈奴、突厥、契丹以后一个十分强大的少数民族政权，并非昔日汉唐时期的匈奴、突厥与之后明清时期的蒙古可比。金军先后灭亡了辽朝和北宋，南侵之势简直锐不可当，但南宋军民浴血奋战，虽屡经挫折，终于抵挡住了南侵金军一次又一次的进攻，使南宋在外患深重的困境中站稳了脚跟。在持久的宋金战争中，南宋的军事力量不但没有削弱，反而逐渐壮大起来。南宋后期的蒙元军队则更为强大，竟然以20年左右的时间横扫欧亚大陆，使全世界都谈"蒙"色变。南宋的军事力量尽管相对弱小，又面对当时世界上最为强大的蒙元军队，但广大军民同仇敌忾，顽强抵抗了整整45年之久，这不能不说是世界抗击蒙元战争史上的一个奇迹。[1]

南宋是呼唤英雄、造就英雄的时代。在旷日持久的宋金战争中，造就了以宗泽、韩世忠、岳飞、刘锜、吴玠吴璘兄弟为代表的一批南宋爱国将领。特别是民族英雄岳飞率领的岳家军，更使金军闻风丧胆。在南宋抗击蒙元的悲壮战争中，前有孟珙、王坚等杰出爱国将领，后有文天祥、谢枋得、陆秀夫、张世杰等抗元英雄。其中民族英雄文天祥领导的抗元斗争，更是可歌可泣，彪

[1] 参见何忠礼《论南宋定都杭州对当地经济文化的重大影响》，载《杭州研究》2007年第2期。

炳史册。

南宋是激发爱国热忱、孕育仁人志士的时代。仅《宋史·忠义列传》就收录有爱国志士277人，其中大部分是南宋人。[1]南宋初期，宗泽力主抗金，并屡败金兵，因不能收复北宋失地而死不瞑目，临终时连呼3次"过河"；洪皓出使金朝，被流放冷山，历尽艰辛，终不屈服，被比作宋代的苏武；陆游"死去元知万事空，但悲不见九州同"的诗句，表达了他渴望祖国统一的遗愿；辛弃疾的词则抒发了盼望祖国统一和反对主和误国的激情。因此，我们认为，南宋不但是造就民族英雄的时代，也是孕育爱国政治家、军事家、文学家和思想家的沃土。

2. 从政治制度上看，南宋是宋代继续加强中央集权、"干强枝弱"的时期

宋朝在建国之初，鉴于前朝藩镇割据、皇权削弱的经验教训，通过采取"强干弱枝"政策，不断加强中央集权统治。这一政策在南宋时得到了进一步强化。北宋王朝在中央权力上，实行军政、民政、财政"三权分立"，削弱宰相的权力与地位；在地方权力上，中央派遣知州、知县等地方官，将原节度使兼领的"支郡"收归中央直接管辖；在官僚机构上，实行官（官品）、职（头衔）、差遣（实权）三者分离制度；在财权上，设置转运使掌管各路财赋，将原藩镇把持的地方财权收归中央；在司法权上，设置县尉一职，将方镇节度使掌握的地方司法权收归中央；在军权上，实行禁军"三衙分掌"，使握兵权与调兵权分离、兵与将分离，将各州军权牢牢地控制在中央手里，从而加强了中央对政权、财权、军权等方面的全面控制。南宋继承了北宋加强中央集权的这一系列措施，为维护国家内部统一、社会稳定和经济发展提供了良好的国内环境。尽管多次出现权相政治，但皇权仍旧稳定如故。

3. 从用人制度上看，南宋是所谓"皇帝与士大夫共治天下"

[1] 俞兆鹏：《南宋人才之盛及其原因》，载《杭州日报》2005年11月14日。

的时代

两宋统治集团始终崇尚文治，尊重知识分子，重用文臣，提倡教育和养士，优待知识分子。与秦代"焚书坑儒"、汉代"罢黜百家"、明清"文字狱"相比，两宋时期可谓封建社会思想文化环境最为宽松的时期，客观上对经济、社会、文化发展起到了积极的促进作用。[1]

推行"崇尚文治"政策。宋王朝对文人士大夫采取了较为宽松宽容的态度，"欲以文化成天下"，对士大夫待之以礼、"不得杀士大夫及上书言事人"，[2]确立了"兴文教，抑武事"[3]的"崇文抑武"大政方针。两宋政权将"右文"定为国策。在这种政治氛围下，知识分子的思想十分活跃，参政议政的热情空前高涨，在一定程度上出现了"皇帝与士大夫共治天下"的局面，从而有力地推动了宋代思想、学术、文化的大发展。正由于两宋重用文士、优待文士，不杀文臣，因而南宋时常有正直大臣敢于上疏直谏，甚至批评朝政乃至皇帝的缺点，这与隋唐、明清时期动辄诛杀士大夫的政治状况大不相同。

采取"寒门入仕"政策。为了吸收不同阶层的知识分子参加政权，两宋对选才用人的科举制度进行了改革，消除了魏晋以来士族门阀造成的影响。两宋科举取士几乎面向社会各个阶层，再加上科举取士的名额不断增加，在社会各阶层中形成了"学而优则仕"之风。南宋时期，取士更不受出身门第的限制，只要不是重刑罪犯，即使工商、杂类、僧道、农民，甚至是杀猪宰牛的屠户，都可以应试授官。南宋的科举登第者多数为平民，如在宝祐四年（1256）登科的601名进士中，平民出身者就占了70%。[4]

---

[1] 参见郭学信《试论两宋文化发展的历史特色》，载《江西社会科学》2003年第5期。

[2] 陶宗仪：《说郛》卷三九上，台湾商务印书馆影印文渊阁《四库全书》1986年版。

[3] 李焘：《续资治通鉴长编》卷一八，"太平兴国二年正月丙寅"条，中华书局2004年版，第392页。

[4] 俞兆鹏：《南宋人才之盛及其原因》，载《杭州日报》2005年11月14日。

二、在经济上，不但要看到南宋连年岁贡不断、赋税沉重的状况，更要看到整个南宋生产发展、经济繁荣的一面

人们历来有一种误解，认为南宋从立国之日起，就存在着从北宋带来的"积贫积弱"老毛病。确实，南宋王朝由于长期处于前金后蒙的威胁之下，迫使其不得不以加强皇权统治作为核心利益，在对外关系上，以牺牲本国的经济利益为代价，采取称臣、割地、赔款等手段来换取王朝政权的安定。正因为庞大的兵力和连年向金朝贡，加重了南宋王朝财政负担和民众经济负担，也一定程度上影响了南宋的经济发展。但在另一方面，我们更应当看到，南宋时期，由于北方人口的大量南下，给南宋的经济发展带来了充足的劳动力、先进的生产技术和丰富的生产经验，再加上统治者出台一些积极措施，南宋在农业、手工业、商业、外贸等方面都取得了突出成就。南宋经济繁荣主要体现在：

1. 从农业生产看，南宋出现了古代中国南粮北调的新格局

由于南宋政府十分注重兴修水利，并采取鼓励垦荒的措施，加上北方人口大量南移和广大农民辛勤劳动，促进了流民复业和荒地开垦。人稠地少的两浙等平原地带，垦辟了众多的水田、圩田、梯田。曾经"几无人迹"的淮南地区也出现了"田野加辟""阡陌相望"的繁荣景象。南宋时期，农作物单位面积产量比唐代提高了两三倍，总体发展水平大大超过了唐代，有学者甚至将宋代农作物单位面积产量的大幅提高称为"农业革命"。[1]"苏湖熟，天下足"的谚语就出现在南宋。[2]元初，江浙行省虽然只是元代10个行省中的一个，岁粮收入却占了全国的37.10%，[3]江浙地区成了中国农业最为发达的地区，并出现了中国南粮北调的新格局。

---

[1] 张邦炜：《瞻前顾后看宋代》，载《河北学刊》2006年第5期。
[2] （宋）范成大：《吴郡志》卷五〇《杂志》，《宋元方志丛刊》本，中华书局1990年版。
[3] （元）脱脱：《元史》卷九三《食货一·税粮》，中华书局2005年版，第2361页。

2. 从手工业生产看，南宋达到了中国古代手工业发展的新高峰

南宋时期，随着北方手工业者大批南下和先进生产技术传入，南方的手工业生产迈上了一个新台阶。一是纺织业规模和技术都大大超过了同时代的金朝，南方自此成了中国丝织业最发达的地区。二是瓷器制造业中心从北方移至江南地区。景德镇生产的青白瓷造型优美，有"饶玉"之称；临安官窑所造青瓷极其精美，为此杭州现在官窑原址建立了官窑博物馆，将这些精美的青瓷展现给世人；龙泉青瓷达到了烧制技术的新高峰，并大量出口。三是造船业空前发展。漕船、商船、游船、渔船，数量庞大，打造奇巧，富有创造性；海船采用的多根桅杆，为前代所无；战船种类众多，功用齐全，在抗金和抗蒙元的战争中发挥了重要作用。

3. 从商业发展看，南宋开创了古代中国商品经济发展的新时代

虽然宋代主导性的经济仍然是自然经济，但由于两宋时期冲破了历朝统治者奉行的"重农抑商"观念的束缚，确立了"农商并重"的国策，采取了惠商、恤商政策措施，使社会各阶层纷纷从事商业经营，商品经济呈现划时代的发展变化，进入一个新的历史发展阶段。一是四通八达的商业网络。随着商品贸易发展，出现了临安、建康（江苏南京）、成都等全国性的著名商业大都市，当时临安已达16万户，人口最多时有150万—160万人，[1]同时，还出现了50多个10万户以上的商业大城市，并涌现出一大批草市、墟市等定期集市和商业集镇，形成了"中心城市—市镇

---

[1] 杨宽先生在《中国古代都城制度史》一书中认为，南宋末年咸淳年间，临安府所属九县，按户籍，主客户共三十九万一千多户，一百二十四万多口；附郭的钱塘、仁和两县主客户共十八万六千多户，四十三万二千多口，占全府人口的三分之一。宋朝的"口"是男丁数，每户平均以五人计，约九十多万人。所驻屯的军队及其家属，估计有二十万人以上，总人口当在一百二十万人左右，包括城外郊区十万人和乡村十万人。

集市—边境贸易—海外市场"的通达商业网络。[1]二是"市坊合一"的商业格局。两宋时期由于城市商业繁荣，冲破了长期以来作为商业贸易区的"市"与作为居民住宅区的"坊"分离的封闭式市坊制度，出现了住宅与店肆混合的"市坊合一"商业格局，街坊商家店铺林立，酒肆茶楼面街而立。从《梦粱录》和《武林旧事》的记载来看，南宋临安城内商业繁荣，甚至出现了夜市刚刚结束，早市又告兴起的繁荣景象。三是规模庞大的商品交易。南宋商品的交易量虽难考证，但从商税收入可窥见一斑。淳熙年间（1174—1189）全国正赋收入6530万缗，占全国总收入30%以上。据此推测，南宋商品交易额在20000万缗以上。可见商品交易量之巨大。[2]南宋商税加专卖收益超过农业税的收入，改变了宋以前历代王朝农业税赋占主要地位的局面。

4. 从海外贸易看，南宋开辟了古代中国东西方交流的新纪元

两宋期间，由于陆上"丝绸之路"隔断，东南方向海路成为海上对外贸易的唯一通道，海外贸易成为中外经济文化交流的主要通道。南宋海外贸易繁荣表现在：一是对外贸易港口众多。广州、泉州、临安、明州（浙江宁波）等大型海港相继兴起，与外洋通商的港口已近20个，还兴起了一大批港口城镇，形成了北起淮南、东海，中经杭州湾和福、漳、泉金三角，南到广州湾和琼州海峡的南宋万余里海岸线上全面开放的新格局。这种盛况不仅唐代未见，就是明清亦未能再现。[3]二是贸易范围大为扩展。宋前，与我国通商的海外国家和地区约20个，主要集中在中南半岛和印尼群岛，而与南宋有外贸关系的国家和地区增至60个以上，范围从南洋（今南海）、西洋（今印度洋）直至波斯湾、地中海和东非海岸。三是出口商品附加值高。宋代不但外贸范围扩大、出口商品数量增加，而且进口商品以原材料与初级制品为主，而出口

[1] 陈杰林：《南宋商业发展：特点与成因》，载《安庆师范学院学报》2003年第4期。
[2] 陈杰林：《南宋商业发展：特点与成因》，载《安庆师范学院学报》2003年第4期。
[3] 葛金芳：《南宋：走向开放型市场的重大转折》，载《杭州研究》2007年第2期。

商品则以手工业制成品为主，附加值高。用附加值高的制成品交换附加值低的初级产品，表明宋代外向型经济在发展程度上高于其外贸伙伴。[1]

三、在文化上，不但要看到封闭保守、颓废安逸的一面，更要看到南宋"百家争鸣、百花齐放"的繁荣局面

由于以宋高宗为首的妥协派大多患有"恐金病"，加之南宋要想收复北方失地在军事上和经济上确实存在着许多困难，收复中原失地的战争，也几度受到挫折，因此在南宋统治集团中，往往笼罩着悲观失望、颓废偷安的情绪。一些皇亲贵族，只要不是兵荒马乱，就热衷于享受山水之乐和口腹之欲，出现了软弱不争、贪图享受、胸无大志、意志消沉的"颓唐之风"。反映在一些文人士大夫的文化生活中，就是"一勺西湖水。渡江来、百年歌舞，百年酗醉"的华丽浮靡之风。但是，这并不能掩盖两宋文化的历史地位与影响。宋代是中国古代文化最为光辉灿烂的时期之一。近代的中国文化，其实皆脱胎于两宋文化。著名史学家邓广铭认为："宋代文化发展所能达到的高度，在从十世纪后半期到十三世纪中叶这一历史时期内，是居于全世界的领先地位的。"[2]日本学者则将宋代称为"东方的文艺复兴时代"。[3]著名华裔学者刘子健认为："此后中国近八百年来的文化，是以南宋文化为模式，以江浙一带为重点，形成了更加富有中国气派、中国风格的文化。"[4]

---

[1] 葛金芳：《南宋：走向开放型市场的重大转折》，载《杭州研究》2007年第2期。

[2] 邓广铭：《国际宋史研讨会开幕词》，载《国际宋史研讨论文选集》，河北大学出版社1992年版，第1页。

[3] ［日］宫崎市定：《宫崎市定论文选集》下册，商务印书馆1963年版。

[4] 刘子健：《代序——略论南宋的重要性》，载黄宽重主编《南宋史研究集》，台湾新文丰出版公司1985年版。

1. 南宋是古代中国学术思想的巅峰时期

王国维指出："宋代学术，方面最多，进步亦最著"，"近世学术多发端于宋人"。宋学作为宋型文化的精神内核，是中国古代学术思想的巅峰。宋学流派纷呈，各臻其妙，大师迭出，群星璀璨，使南宋的思想文化呈现一派勃勃生机和前所未有的活跃局面。

理学思想形成。两宋统治者以文治国、以名利劝学的政策，对当时的思想、学术及教育产生了重要影响，最明显的一个结果是新儒学——理学思想诞生。南宋是儒学各派互争雄长的时期，各学派互相论辩、互相补充，共同构筑起中国儒学发展史上一个新的阶段。作为程朱理学集大成者的朱熹，是继孔孟以来最杰出的儒家学者。理学思想倡导国家至上、百姓至上的精神，与孟子的"君轻民贵"思想是一脉相承的。同时，两宋还倡导在儒家思想主导下的"儒佛道三教同设并行"，就是在"尊孔崇儒"的同时，对佛、道两教也持尊奉的态度。理学各家出入佛老；佛门也在学理上融合儒道；道教则从佛教中汲取养分，将其融入自身的养生思想，并吸纳佛教"因果轮回"思想与儒家"纲常伦理"学说。普通百姓"读儒书、拜佛祖、做斋醮"更是习以为常。两宋"三教合流"的文化策略迎合了时代需要，使宋代儒生不同于以往之"终信一家、死守一经"，从而使得南宋在思想、文化领域均有重大突破与重大建树。

思想学术界学派林立。学派林立是南宋学术思想发展的突出表现，也是当时学术界新流派勃兴的标志。在儒学复兴的思潮激荡下，尤其是在鼓励直言、自由议论的政策下，先后形成了以朱熹为代表的道学，以陆九渊为代表的心学，以叶适为代表的永嘉事功之学，以吕祖谦、陈亮为代表的永康之学等主要学派，开创了浙东学派的先河。南宋时期学派间互争雄长和欣欣向荣的景象，维持了近百年之久，形成了继春秋战国之后中国历史上第二次"百家争鸣"的盛况，为推动南宋经济文化发展起到了积极作用。尤其是浙东事功学派极力推崇义利统一，强调"商藉农而立，农赖商而行"，认为只有农商并重，才能富民强国，实现国家中兴统一的目的。功利主义思想反映了当时人们希望发展南宋经济和收复北方失地的强烈愿望。

2. 南宋是古代中国文学艺术的鼎盛时期

近代国学大师王国维认为"天水一朝人智之活动与文化之多方面，前之汉唐、后之元明皆所不逮也"。[1] 南宋文学艺术繁荣的主要表现，一是宋词兴盛。宋代创造性地发展了"词"这一富有时代特征的文学形式。词的繁荣起始于北宋，鼎盛于南宋。南宋词不仅在内容上有所开拓，而且艺术上更趋于成熟。辛弃疾是南宋最伟大的爱国词人，豪放词派的最高代表，也是南宋词坛第一人，与北宋词人苏东坡一样，同为宋词成就最杰出的代表。李清照是婉约词派的代表人物，形成了别具一格的"易安体"，对后世影响很大。陆游既是著名的爱国诗人，也是南宋词坛的巨匠。他的词充满了奔放激昂的爱国主义感情，与辛弃疾一起把宋词推向了艺术高峰。二是宋诗繁荣。宋诗在唐诗之后另辟蹊径，开拓了宋诗新境界，其影响直到清末民初。宋诗完全有资格在中国诗史上与唐诗双峰并峙，两水并流。三是话本兴起。南宋话本小说出现，在中国文学史上是一件极有意义的大事，标志着中国小说的发展已进入一个新阶段。宋代话本为中国小说的发展注入了新鲜活力，迎来了明清小说的繁荣局面。南宋还出现了以《沧浪诗话》为代表的具有现代审美特征的开创性的文学理论著作。四是南戏的出现。南宋初年，出现了具有很强的现实性和感染力的"戏文"，统称"南戏"。南宋戏文是元代杂剧的先驱，它的出现标志着中国古代戏曲艺术的成熟，为我国戏剧发展奠定了雄厚基础。[2] 五是绘画的高峰。宋代是中国绘画史上的鼎盛时期，标志我国中古

---

[1] 王国维：《静庵文集续编·宋代之金石学》，载《王国维遗书》第 5 册，上海古籍出版社 1983 年版。
[2] 参见何忠礼、徐吉军《南宋史稿》，杭州大学出版社 1999 年版，第 657 页。

时期绘画高峰的出现。有研究者认为"吾国画法,至宋而始全"。[1]
宋代画家多达千人左右,以李唐、刘松年、马远、夏圭等人为代
表的南宋著名画家,他们的作品在画坛至今仍享有崇高地位。此
外,南宋的多位皇帝和后妃也都是绘画高手。南宋绘画题材多样,
山水、人物、花鸟画等并盛于世,尤以山水画最为突出,对后世
影响极大。南宋画家称西湖景色最奇者有十,这就是著名的"西
湖十景"的由来。宋代工艺美术造型、装饰与总体效果堪称中国
工艺史上的典范,为明清工艺美术争相效仿的对象。此外,南宋
的书法、雕塑、音乐、歌舞等艺术门类也都有长足的发展。

　　3. 南宋是古代中国文化教育的兴盛时期

　　宋代统治者大力倡导学校教育,将"崇经办学"作为立国之
本,使宋代的教育体制较之汉唐更加完备和发达。南宋官私学盛,
彻底打破了长期以来士族地主垄断教育的局面,使文化教育下移,
教育更加大众化,适应了平民百姓对文化教育的需求,推动了文
化大普及,提高了全社会的文化素质,促进了南宋社会文化事业
进步和发展。在科举考试推动下,南宋的中央官学、地方官学、
书院和私塾村校并存,各类学校都获得了蓬勃的发展。南宋各州
县普遍设立了公立学校,其规模、条件、办学水平,较之北宋有
了更大发展。由于理学家的竭力提倡和科举考试的需要,南宋地
方书院得到了大发展。宋代共有书院397所,其中南宋占310所。[2]
南宋私塾村校遍及全国各地,学校教育由城镇延伸到乡村,南宋
教育达到前所未有的普及程度。

　　4. 南宋是古代中国史学的繁荣时期

　　南宋以"尊重和提倡"的形式,鼓励知识分子重视历史,研
究历史,"思考历代治乱之迹"。陈寅恪先生指出:"中国史学莫

---

[1]　潘天寿:《中国绘画史》,上海人民美术出版社1983年版,第158页。
[2]　何忠礼:《论南宋定都杭州对当地经济文化的重大影响》,载《杭州研究》2007年
　　　第2期。

盛于宋。"[1]南宋史学家袁枢的《通鉴纪事本末》，创立了以重大历史事件为主体，分别立目，完整记载历史事件的纪事本末体；朱熹的《资治通鉴纲目》创立了纲目体；朱熹的《伊洛渊源录》则开启了记述学术宗派史的学案体之先河。南宋在历史上第一次提出了"经世致用"的修史思想。南宋史学家不仅重视当代史的研究，而且力主把历史与现实结合起来，从历史上寻找兴衰之源，以史培养爱国、有用的人才。这些都对后代的史学家有很大的启迪和教益。

四、在科技上，既要看到整个宋代在中国古代科技史上的地位，也要看到南宋对古代中国科学技术的杰出贡献

宋代统治集团对在科学技术上有重要发明及创造、创新之人给予物质和精神奖励，为宋代科技发展与进步注入了前所未有的强大动力。宋朝是当时世界上发明创造最多的国家，也是古代中国为世界科技发展贡献最大的时期。英国学者李约瑟说："每当人们在中国的文献中查找一种具体的科技史料时，往往会发现它的焦点在宋代，不管在应用科学方面或纯粹科学方面都是如此。"[2]中国历史上的重要发明，一半以上都出现在宋朝。宋代的不少科技发明不仅在中国科技史上，而且在世界科技史上也号称第一。《梦溪笔谈》的作者沈括、活字版印刷术的发明者毕昇这两位钱塘（浙江杭州）人，都是中外公认的中国古代伟大科学巨匠。南宋的科技在北宋基础上进一步得到发展，其科技成就在很多方面居于世界领先地位。

---

[1] 陈寅恪：《陈垣〈明季滇黔佛教考〉序》《陈垣〈元西域人华化考〉序》，载《金明馆丛稿二编》，上海古籍出版社 1980 年版，第 238、240 页。
[2] ［英］李约瑟：《李约瑟文集》，辽宁科技出版社 1986 年版，第 115 页。

1. 南宋对中国古代"三大发明"的贡献

活字印刷术、指南针与火药三大发明，在南宋时期获得进一步的完善和发展，并开始了大规模的实际应用。指南针在航海上的应用，始见于北宋末期，南宋时的指南针已从简单的指针，发展成为比较简易的罗盘针，并被应用于航海上，是一项具有世界意义的重大发明。李约瑟指出，指南针在航海中的应用，是"航海技艺方面的巨大改革"，"预示计量航海时代的来临"。中国古代火药和火药武器的大规模使用和推广也始自南宋。南宋出现的管形火器，是世界兵器史上十分重要的大事，近代的枪炮就是在这种原始的管形火器基础上发展起来的。此外，南宋还广泛使用威力巨大的火炮作战，充分反映了南宋火器制造技术的巨大进步。南宋开始推广使用活字印刷术，出现了目前世界上第一部活字印本。此外，南宋的造纸技术更为发达，生产规模大为扩展，品种繁多，质量之高，近代也多不及。

2. 南宋在农业技术理论上的重大突破

南宋陈旉所著《陈旉农书》是我国现存最早的有关南方农业生产技术与经营的农学著作。他是中国农学史上第一个提出土地利用规划技术的人。陈旉在《农书》中首先提出了土壤肥力论等多种土地的利用和改造之法，并对搞好农业经营管理提出了卓越的见解。稻麦两熟制、水旱轮作制、"耕耙耖"耕作制，在南宋境内都得到了较好的推广。植物谱录在南宋也大量涌现。《橘录》是我国最早的柑橘专著；《菌谱》是世界历史上最早的菌类专著；《全芳备祖》是世界最早的植物学辞典，比欧洲要早300多年；《梅谱》是我国最早的有关梅花的专著。

3. 南宋在制造技术上的高度成就

宋代冶金技术居世界最高水平，南宋对此做出了卓越贡献。在有色金属开采与冶炼方面，南宋发明了"冶银吹灰法"和"铜合金铁"冶炼法；在煤炭开发利用上，南宋开始使用焦煤炼铁（而欧洲人是在18世纪时才采用焦煤炼铁的），是我国冶金史上具有重大意义的里程碑。南宋是我国纺织技术高度发展时期，特别是蚕桑丝绸生产，已形成了一整套从栽桑到成衣的过程，生产工具丰富，为明清的丝绸生产技术奠定了基础。南宋的丝纺织品、织造和染色技术在前代的基础上达到了一个新水平。南宋瓷器无论在胎质、釉料，还是在制作技术上，都达到了新的高度。同时，南宋的造船、建筑、酿酒、地学、水利、天文历法、军器制造等方面技术水平，也都比过去有很大的进步。如现保存于杭州碑林的石刻《天文图》是迄今为止所能见到的最早的全天星图，绘于南宋绍定二年（1229）的石刻《平江图》，是我国现存最完整的城市规划图，至今仍完好地保存在苏州市博物馆。

4. 南宋在数学领域的巨大贡献

南宋数学不仅在中国数学史上，而且在世界数学史上取得了极为辉煌的成就。南宋杰出的数学家秦九韶撰写的《数书九章》提出的"正负开方术"，与现代求数学方程正根的方法基本一致，比西方早500多年。另一位杰出的数学家杨辉，编撰有《详解九章算法》《日用算法》《乘除通变本末》《田亩比类乘除捷法》《续古摘奇算法》（《乘除通变本末》《田亩比类乘除捷法》《续古摘奇算法》三者合称为《杨辉算法》）等十余种数学著作，收录了不少我国现已失传的数学著作中的算题和算法。杨辉对二阶等差级数求和的论述，使之成为继沈括之后世界上最早研究高阶等差级数的人。杨辉发明的"九归口诀"，不仅提高了运算速度和精确度，而且还对我国珠算的发明起到了重要作用。李约瑟把宋代称为"伟大的代数学家的时代"，认为"中国的代数学在宋代达到最高峰"。[1]

5. 南宋在医药领域的重要贡献

南宋是中国法医学正式形成的时期。宋慈的《洗冤集录》是

---

[1] 参见《中国科学技术史》第 1 卷第 1 册，科学出版社 1975 年版，第 273、284、287、292 页。

世界上第一部法医学专著，比西方早350余年。它不仅奠定了我国古代法医学的基础，而且被奉为我国古代"官司检验"的"金科玉律"，并对世界法医学产生了广泛影响。南宋是中国针灸医学的极盛时期。王执中的《针灸资生经》和闻人耆年《备急灸法》两书，皆集历代针灸学知识之大全，反映了当时针灸学的最高水平。南宋腧穴针灸铜人是针灸学上第一具教学、临床用的实物模型。陈自明著的《外科精要》一书对指导外科的临床应用具有重要意义。陈自明的《妇人大全良方》是著名的妇产科著作，直到明清时期仍被妇科医生奉为经典。朱瑞章的《卫生家宝产科方》，被称为"产科之荟萃，医家之指南"。无名氏的《小儿卫生总微论方》和刘昉的《幼幼新书》，汇集了宋以前在儿科学方面所取得的成就，是我国历史上较早的一部比较系统、全面的儿科学著作。许叔微的《普济本事方》是中国古代一部比较完备的方剂专书。

五、在社会上，不但要看到南宋一些富豪官绅生活奢华、挥霍淫乐的一面，更要看到南宋政府关注民生、注重民生保障的一面

南宋社会生活的奢侈之风，既是南宋官僚地主腐朽的集中反映，也是南宋经济文化空前繁荣的缩影。我们不但看到南宋一些富豪官绅纵情声色、恣意挥霍的社会现象，更要看到南宋政府倡导善举、关注民生、同情民苦的客观事实。[1] 两宋社会保障制度，在中国古代救助史上占有重要地位，并为宋后社会保障制度的建立奠定了基础。有学者认为，中国古代真正意义上的社会保障事业是从两宋开始的。同时，两宋时期随着土地依附关系逐步解除和门阀制度崩溃，逐渐冲破了以前士族地主一统天下的局面。两宋社会结构开始调整重组，出现了各阶层之间经济地位升降更替、

---

[1] 邓小南：《宋代历史再认识》，载《河北学刊》2006年第5期。

社会等级界限松动的现象，各阶层的价值取向趋近，促进社会各阶层融合，平民化、世俗化、人文化趋势明显。两宋社会平民化，不仅体现在科举面向社会各个阶层，取士不受出身门第限制，而且体现在官民身份可以相互转化，可以由贵而贱，由贱而贵；贫富之间既可以由富而贫，也可以由贫而富。[1]

1. 南宋农民获得了更多的人身自由

两宋时期，租佃制普遍发展，这是古代专制社会中生产关系的一次重大调整。在租佃制下，地主招募客户耕种土地，客户只向地主缴纳地租，而不必承担其他义务。客户契约期满后有退佃起移的权利，且受到政府保护，人身依附关系大为减弱。按照宋朝的户籍制度，客户直接编入国家户籍，成为国家的正式编户，并承担国家某些赋役，而不再是地主的"私属"，因而获得了一定的人身自由。两宋农民在法律上可以自由迁徙，这是历史的一大进步。[2]南宋时期随着商品经济发展，农民获得了更多的自由，可以自由地离土离乡，转向城市从事手工业或商业活动。

2. 南宋商人社会地位得到了提高

宋前历朝一直奉行"重农轻商"政策，士、农、工、商，商人居"四民"之末，受到社会歧视。宋代商业已被视同农业，均为创造社会财富的源泉，"士、农、工、商，皆百姓之本业"[3]成为社会共识，使两宋商人的社会地位得到前所未有的提高。随着工商业的发展，在南宋手工业作坊中，工匠主和工匠之间形成了雇佣与被雇佣关系。南宋手工业作坊中的雇佣制度，代替了原来带有强制性的指派和差人应役招募制度，雇佣劳动与强制性的劳役比较，工匠的人身束缚大为松弛，新的经济关系推动了南宋手工业经济发展，又促进了资本主义生产关系萌芽。

[1] 郭学信：《宋代俗文化发展探源》，载《西北师范大学学报》2005年第3期。
[2] 郭学信、张素音：《宋代商品经济发展特征及原因析论》，载《聊城大学学报》2006年第5期。
[3] （宋）陈耆卿：《嘉定赤城志》卷三七《风土》，《宋元方志丛刊》本，中华书局1990年版。

3. 南宋市民阶层登上了历史舞台

"坊郭户"是城市中的非农业人口。随着工商业的日益发展，宋政府将"坊郭户"单独"列籍定等"。"坊郭户"作为法定户名在两宋时期出现，标志着城市"市民阶层"形成，市民阶层开始作为一个独立群体正式登上了历史舞台，成为不可忽视的社会力量。[1]南宋时期，还实行了募兵制，人们服役大多出于自愿，从而有效保障了城乡劳力稳定和社会安定，与唐代苛重的兵役相比，显然是一个进步。

4. 南宋社会保障制度更为完善

南宋的社会保障体系主要表现在：一是"荒政"制度。就是由政府无偿向灾民提供钱粮和衣物，或由政府将钱粮贷给灾民，或由政府将灾民暂时迁移到丰收区，或将粮食调拨到灾区，或动员富豪平价售粮，并在各州县较普遍地设置了"义仓"，以解决暂时的粮食短缺问题。同时，遇丰收之年，政府酌量提高谷价，大量收籴，以避免谷贱伤农；遇荒饥之年，政府低价将存粮大量粜出，以照顾灾民。二是"养恤"制度。在临安等城市中，南宋政府针对不同对象设立了不同的养恤机构。有赈济流落街头的老弱病残或贫穷潦倒乞丐的福田院，有收养孤寡等贫穷不能自存者的居养院，有收养并医治鳏寡孤独贫病不能自存之人的安济院，有收养社会弃子弃婴的慈幼局，等等。三是"义庄"制度。义庄主要由一些科举入仕的士大夫用其秩禄买田置办，义田一般出租，租金则用于赈养族人的生活。虽然义庄设置的最初动机在于为本宗族之私，但义庄的设置在一定范围保障了族人的经济生活，对两宋官方的社会保障起到了重要的辅助作用。南宋的社会保障政策与措施对倡导善举、缓和社会矛盾、维护社会稳定等发挥了积极作用。[2]

---

[1] 郭学信：《宋代俗文化发展探源》，载《西北师范大学学报》2005年第3期。

[2] 参见杜伟《略述两宋社会保障制度》，载《沙洋师范高等专科学校学报》2004年第1期；陈国灿《南宋江南城市的公共事业与社会保障》，载《学术月刊》2002年第6期。

六、在历史地位上，既要看到南宋在当时国际国内的地位，又要看到南宋对后世中国和世界的影响

1. 南宋对东亚"儒学文化圈"和世界文明进程之影响

两宋的成就居于当时世界发展的顶峰，对周边国家和世界均产生了巨大影响。如南宋对东亚"儒学文化圈"的影响。南宋朱子学对东亚"儒学文化圈"各国文化产生了广泛而深刻的影响，至今仍然积淀在东亚各民族的文化心理中，对东亚现代化起着重要作用。在文化输入上，这些周边邻国对唐代文化主要是制度文化的模仿，而对两宋文化则侧重于精神文化的摄取，尤其是对南宋儒学、宗教、文学、艺术、政治制度的借鉴。南宋儒学文化传至东亚各国，与各国的学术思想和民族文化相融合，产生了朝鲜儒学、日本儒学、越南儒学等东亚儒学，形成了东亚"儒学文化圈"。这表明南宋儒学文化在东亚民族之间的文化交流和传播中，对高丽、日本、越南等国学术文化与东亚文明发展历史产生了重大影响，这可以说是东亚文明发展中的一大奇观。[1]同时，南宋儒学文化中的优秀成分和合理精神，在现代东亚社会的政治经济、思想文化、社会生活、家庭关系等方面仍然发挥重要影响和作用。如南宋儒学中的"信义""忠诚""中庸""和""义利并取"等价值观念，在现代东亚经济社会中的积极作用显而易见。

南宋对世界经济发展的影响。随着南宋海外贸易发展，与我国通商的海外国家与地区从宋前的20余个增至60个以上。海外贸易范围从宋前中南半岛和印尼群岛，扩大到西洋（今印度洋至红海）、波斯湾、地中海和东非海岸，使雄踞于太平洋西岸的南宋帝国与印度洋地区北岸的阿拉伯帝国一起，构成了当时世界贸易圈的两大轴心。海上"丝绸之路"取代了陆上"丝绸之路"，

---

[1] 葛金芳：《南宋：走向开放型市场的重大转折》，载《杭州研究》2007年第2期。

成为中外经济文化交流的主要通道。鉴于此，美籍学者马润潮把宋代视为"世界伟大海洋贸易史上的第一个时期"。同时，随着商品经济的发展，北宋出现了世界上最早的纸币——交子。至南宋时，纸币开始在全国普遍使用。有学者将纸币的产生与大规模流通称为"金融革命"。[1]纸币流通的意义远在金属铸币之上，表明我国在货币领域发展已走在世界前列。

两宋对世界文明进程的影响。宋代文化对世界文化的影响，主要表现在两宋的活字印刷术、火药、指南针的西传上。培根指出："这三种发明已经在世界范围内把事物的全部面貌和情况都改变了：第一种是在学术方面，第二种是在战事方面，第三种是在航行方面；由此产生了无数的变化，这种变化是如此巨大，以至没有一个帝国，没有一个教派，没有一个赫赫有名的人物，能比得上这三种机械发明。"[2]马克思的评价则更高："火药、指南针、印刷术——这是预告资产阶级到来的三大发明。火药把骑士阶层炸得粉碎，指南针打开了世界市场并建立了殖民地，而印刷术则变成了新教的工具和科学复兴的手段，变成对精神发展创造必要前提的强大杠杆。"[3]两宋"三大发明"对世界文明的决定性作用是毋庸赘言的。两宋科举考试制度也对法、美、英等西方国家选拔官吏的政治制度产生了直接作用和重要影响，被人誉为"中国的第五大发明"。

2. 南宋对中国古代与近代历史发展之影响

中外学者普遍认为："这时的文化直至20世纪初都是中国的典型文化。其中许多东西在以后的一千年中是中国最典型的东西，至少在唐代后期开始萌芽，而在宋代开始繁荣。"[4]

南宋促进了中国市民阶层的形成。随着商品经济的繁荣，两

---

[1] 参见张邦炜《瞻前顾后看宋代》，载《河北学刊》2006年第5期。

[2] ［英］培根：《新工具》，商务印书馆1984年版，第103页。

[3] ［德］马克思：《机械、自然力和科学应用》，人民出版社1978年版，第67页。

[4] ［美］费正清、赖肖尔：《中国：传统与变革》，江苏人民出版社1995年版，第118—119页。

宋时期不仅出现了一大批大、中、小商业城市与集镇，而且形成了杭州、开封、成都等全国著名商业大都市，第一次出现了城市平民阶层，呈现了中国古代社会前所未有的时代开放性。南宋市民阶层的出现，世俗文化与世俗经济的形成与繁荣，意味中国市民阶层已具雏形，开启了中国社会平民化进程。正由于两宋时期出现了欧洲近代前夜的一些特征，如大城市兴起、市民阶层形成、手工业发展、商业经济繁荣、对外贸易发达、流通纸币出现、文官制度成熟等现象，美国、日本学者普遍把宋代中国称为"近代初期"。[1]

南宋促成了中国经济重心南移。由于南宋商品经济空前发展，有些学者甚至断言，宋代已经产生了资本主义萌芽。西方有学者认为南宋已处在"经济革命时代"。随着宋室南下，南宋经济的发展与繁荣，使江南成为全国经济最为发达的地区。南宋时期，全国经济重心完成了由黄河流域向长江流域的历史性转移，我国经济形态自此逐渐从自然经济转向商品经济，从封闭经济走向开放经济，从内陆型经济转向海陆型经济。这是中国传统社会发展中具有路标性意义的重大转折。[2]如果没有明清的海禁和极端专制的封建统治，中国的近代化社会也许会更早地到来。

南宋推进了中华民族大融合。南宋时期，中国社会出现了第三次民族大融合。宋王朝虽然先后被同时代的女真、蒙古民族征服，但无论前金还是后蒙，在其思想文化上，都被南宋代表的先进文化折服，融入中华民族大家庭之中。10—13世纪，中原王朝与北方游牧民族时战时和、时分时合，使以农耕文化为载体的两宋文化迅速向北扩散播迁，女真、蒙古政权深受南宋代表的先进政治制度、社会经济和思想文化影响，表示出对南宋文化认同、追随、仿效与移植，自觉不自觉地接受了先进的南宋文化，使其

---

［1］ 张晓淮：《两宋文化转型的新诠释》，载《学海》2002 年第 4 期。
［2］ 参见葛金芳《南宋：走向开放型市场的重大转折》，载《杭州研究》2007 年第 2 期。

从文字到思想、从典章制度到风俗习惯均呈现出汉化趋势。[1]南宋文化改变了这些民族的文化构成，提高了它们的文化层位，加速了这些民族由落后走向进步的进程，从而在整体上提高了中国北部地区少数民族的文明程度。

南宋奠定了理学在封建正统思想中的主导地位。理学的形成与发展，是南宋文化对中国古代思想文化的重大贡献。南宋理宗朝时，理学被钦定为封建正统思想和官方哲学，确立了程朱理学的独尊地位，并一直垄断元、明、清三代的思想和学术领域长达700余年，其影响之深广，在古代中国没有其他思想可以与之匹敌。[2]同时，两宋时期开创了中国古代儒、佛、道"三教合流"的文化格局。与汉武帝"罢黜百家、独尊儒术"不同，南宋在大兴儒学的前提下，加大了对佛、道两教的扶持，出现了"以佛修心，以道养生，以儒治世"的"三教合一"的格局。自宋后，古代中国社会基本延续了以儒学为主体，以佛、道为辅翼的文化格局。

两宋对中国后世王朝政权稳定的影响。两宋王朝虽然国土面积前不及汉唐，后不如元明清，却是中国封建史上立国时间最长的王朝之一。两宋王朝之所以在外患深重的威胁下保持长治局面，很大程度上取决于两宋精于内治，形成了一系列的中央集权制度和民族认同感，因此，自宋朝后，中华民族"大一统"思想深入人心，中国历史上再也没有出现过地方严重分裂割据的局面。

3. 南宋对杭州城市发展之影响

正是南宋经济、文化、社会各方面的高度发展，促成京城临安极度繁荣，成为12—13世纪最为繁华的世界大都会，也正是南宋带来民族文化大交流、生活方式大融合、思想观念大碰撞，形成了京城临安市民独特的生活观念、生活方式、性格特征、语言习惯。直到今天，杭州人独有的文化特质、社会习俗、生活理念，

---

[1] 参见虞云国《略论宋代文化的时代特点与历史地位》，《浙江社会科学》2006年第3期。

[2] 参见何忠礼《论南宋在中国历史上的地位和影响》，《杭州研究》2007年第2期。

都深深地烙上了南宋社会的历史印迹。

京城临安，一座巍峨壮丽的世界级"华贵之城"。南宋朝廷立临安为行都，使杭州的城市性质与等级发生了根本性的巨大变化。从州府上升为国都，这是杭州城市发展的里程碑，杭州由此进入历史上最辉煌的时期。南宋统治者对临安城建设倾注了大量心血，并倾全国之人力、物力、财力加以精心营造。经过南宋诸帝持续的扩建和改建，南宋皇城布满了金碧辉煌、巍峨壮丽的宫殿，足可与北宋的汴京城媲美。南宋对临安府大规模地改造和扩建的杰出代表便是御街。南宋都城临安，经过100多年的精心营建，已发展成为百万以上人口的大城市，成为当时亚洲各国经济文化的交流中心，城市规模已名列十二三世纪时世界的首位。当时的杭州被意大利著名旅行家马可·波罗称赞为"世界上最美丽华贵之天城"。而12世纪时，美洲和大洋洲尚未被殖民者发现，非洲处于自生自灭状态，欧洲现有主要国家尚未完全形成，罗马内部四分五裂，北欧海盗肆虐，基辅大公国（俄罗斯）刚刚形成。[1]到了南宋后期（即13世纪中叶）临安人口曾达到150万—160万人，此时，西方最大最繁华的城市威尼斯也只有10万人口，作为世界最著名的大都会伦敦、巴黎，直至14世纪的文艺复兴时期，其人口也不过4万—6万人。[2]仅从城市人口规模看，800年前的杭州就已遥遥领先于世界各大城市。

京城临安，一座繁荣繁华的"地上天宫"。临安是全国最大的手工业生产中心。南宋临安工商业发达，手工业门类齐、制作精、分工细、规模大、档次高，造船、陶瓷、纺织、印刷、造纸等行业都建有大规模的手工业作坊，并有"四百一十四行"之说。临安是全国商业最为繁华的城市。临安城内城外集市与商行遍布，天街两侧商铺林立，早市夜市通宵达旦；城北运河樯橹相接、昼

---

[1] 参见何亮亮《从"南海"一号看中华复兴》，载《文汇报》2008年1月6日。
[2] 参见何忠礼《论南宋在中国历史上的地位和影响》，载《杭州研究》2007年第2期。

夜不舍，城南钱江两岸各地商贾海舶云集、桅杆林立。临安是璀璨夺目的文化名城。京城内先后集聚了李清照、朱熹、尤袤、陆游、杨万里、范成大、辛弃疾、陈起等一批南宋著名的文化人。临安雕版印刷为全国之冠，杭刻书籍为我国宋版书之精华。城内设有全国最高的学府——太学，规模最为宏阔，与武学、宗学合称"三学"。临安的教育事业空前繁荣。城内文化娱乐业发达，瓦子数量、百戏名目、艺人人数、娱乐项目和场所设施等方面，也都是其他城市无法比拟的。临安不但是全国政治中心，也是全国经济中心和文化中心。今日杭州之所以能成为"人间天堂"，成为全国历史文化名城，成为我国七大古都之一，很大程度上就是得益于南宋定都临安，得益于南宋经济文化的高度繁荣。

京城临安，一座南北荟萃、精致和谐的生活城市。北方人口的优势，使南下的中原文化全面渗透到本土的吴越文化之中，形成了临安独特的社会生活习俗，并影响至今。临安的社会是本地居民与外来人员和谐相处的社会，临安的文化是南北文化交融、中外文化交流的结晶，临安的生活是中原风俗与江南民俗相互融合的产物。总之，南宋临安是一座兼容并蓄、精致和谐的生活城市。其表现为：一是南北交融的语言。经过100多年流行，北方话逐渐融合到吴越方言之中，形成了南北交融的"南宋官话"。有学者指出："越中方言受了北方话的影响，明显地反映在今日带有'官话'色彩的杭州话里。"[1]二是南北荟萃的饮食。自南宋起，杭人饮食结构发生了变化，从以稻米为主，发展到米、面皆食。"南料北烹"美食佳肴，结合西湖文采，形成了具有鲜明特色的"杭帮菜系"，而成为中国古代菜肴一个新高峰。丰富美味的饮食，致使临安人形成追求美食美味的饮食之风。三是精致精美的物产。南宋时期，在临安无论建筑寺观，还是园林别墅、亭

---

[1] 参见徐吉军《论南宋定都杭州对当地经济文化的重大影响》，载《杭州研究》2007年第2期。

台楼阁和小桥流水,无不体现了江南的精细精致,更有陶瓷、丝绸、扇子、剪刀、雨伞等工艺产品,做工讲究、小巧精致。四是休闲安逸的生活。城市的繁华与西湖的秀美,使大多临安人沉醉于歌舞升平与湖山之乐中,在辛劳之后讲究吃喝玩乐、神聊闲谈、琴棋书画、花鸟鱼虫,体现了临安人求精致、讲安逸、会休闲的生活特点,也反映了临安市民注重生活与劳作结合的城市生活特色,反映了临安文化的生活化与世俗化,并融入今日杭州人的生活观念中。

4. 借鉴南宋"体恤民生"的某些仁义之举,努力将今天的杭州建设成为一个全民共享的"生活品质之城"

南宋社会关注民生、同情民苦的仁义之举,尤其是针对不同人群建立较为完备的社会保障体系,在构建社会主义和谐社会,建设覆盖城乡、全民共享的"生活品质之城"的今天,有着特别重要的现实意义。建设覆盖城乡、全民共享的"生活品质之城",既是一项长期的历史任务,又是一个重大的现实课题。要使"发展为人民、发展靠人民、发展成果由人民共享、发展成效让人民检验"理念落到实处,就必须把老百姓的小事当作党委、政府的大事,以群众呼声为第一信号,以群众利益为第一追求,以群众满意为第一标准,树立起"亲民党委""民本政府"的良好形象。要始终坚持以人为本、以民为先的理念,既要关注城市居民,又要关注农村居民;既要关注本地居民,又要关注外来创业务工人员;既要关注全体市民生活品质的整体提高,更要特别关注困难群众、弱势群体、低收入阶层生活品质的明显改善。要始终关注老百姓的衣食住行、安危冷暖、生老病死,让老百姓能就业、有保障,行得便捷、住得宽畅,买得放心、用得舒心,办得了事、办得好事,拥有安全感、安居又乐业,让全体市民共创生活品质、共享品质生活。

5. 整合南宋"安逸闲适"的环境资源,推进杭州"东方休闲之都"和国际旅游休闲中心建设

　　杭州得天独厚的自然山水环境，经过南宋100多年来固江堤、疏西湖、治内河、凿新井、建宫城、造御街、设瓦子、引百戏等多方面的措施，形成都城左江（钱塘江）右湖（西湖）、内河（市区河道）外河（京杭运河）的格局，使杭州的生态环境、旅游环境、休闲环境大为改观，极大丰富了杭州的旅游资源。南宋不但为我们留下一块"南宋古都"的"金字招牌"，还留下了安逸闲适的休闲环境和休闲氛围。在"三面云山一面城"的独特环境里，集中了江、河、湖、溪与西湖群山，出现了大批观光游览景点，并形成著名的"西湖十景"。沿湖、沿河、沿街的茶肆酒楼，鳞次栉比、生意兴隆；官私酒楼、大小餐馆充满"南料北烹"的杭帮菜肴和各地名肴；大街小巷布满大小馆舍旅店，是外地游客与应考士子的休息场所。同时，临安娱乐活动丰富多彩，节庆活动繁多。独特的自然山水、休闲的环境氛围，使临安人注重生活环境、讲究生活质量、追求生活乐趣。不但皇亲国戚、达官贵人纵情山水、赏花品茗，过着高贵奢华的休闲生活，而且文人士大夫交结士朋、寄情适趣，热衷高雅脱俗的休闲生活；就是普通百姓也会带妻携子泛舟游湖，享受人伦亲情及山水之乐。

　　今天的杭州人懂生活、会休闲，讲究生活质量，追求生活品质，都可以从南宋临安人闲情逸致的生活态度中找到印迹。今天的杭州正在推进新城建设、老城更新、环境保护、街区改善等工程，都可以从南宋临安对左江右湖、内河外河的治理和皇城街坊、园林建筑的建设中得到有益的启示。杭州要打造"东方休闲之都"，共建共享"生活品质之城"，建设国际旅游休闲中心，就必须重振"南宋古都"品牌，充分挖掘南宋文化遗产，珍惜杭州为数不多的地上南宋遗迹。进一步实施好西湖、西溪、运河、市区河道综合保护工程；推进"南宋御街"——中山路有机更新，以展示杭州自南宋以来的传统商业文化；加强对南宋"八卦田"景区的保护与利用，以展示南宋皇帝"与民同耕"的怀古场景；加强对南宋官窑遗址的保护与利用，以展示南宋杭州物产的精致与精美；

加强对南宋皇城遗址和太庙遗址的保护与利用，以展示昔日南宋京城的繁荣与辉煌。进入21世纪的杭州，不但要保护利用好南宋留下的"三面云山一面城"的"西湖时代"，更要以"大气开放"的宏大气魄，努力建设好"一主三副六组团六条生态带"的大都市空间格局，形成"一江春水穿城过"的"钱塘江时代"，实现具有千年古都神韵的文化名城与具有大都市风采的现代化新城同城辉映。

前　言

　　1138年，宋高宗正式下诏定都临安，杭州成为南宋名正言顺的国都。此后近150年，南宋倾全国之人力、物力、财力精心营造，临安城经济文化各方面高度发展，人口达百万之众，是南宋的政治、经济、文化中心。经过南宋诸帝不断的扩建和改建，皇城宫殿金碧辉煌、巍峨壮丽，临安城内外集市与商行遍布、市井繁华，后来被意大利旅行家马可·波罗称为"世界上最繁华、最有钱的城市"，是"世界上最美丽华贵之天城"。南宋为今天的杭州留下了极为丰厚的历史文化遗产。虽然高楼大厦取代了南宋的城墙与宫殿，但今天通过杭州主城区的道路与水系仍能清晰辨认南宋临安的城市格局。西湖十景不仅是中国湖山园林景观的终极典范，更是后持续追忆与传承南宋文化的物质载体。而杭州城与西湖畔最慷慨激昂与浪漫动人的故事，无不源自南宋的历史与传说。只有回溯到南宋，才能真正理解杭州的内涵与魅力。

　　目前，研究南宋与杭州关系的研究专著已然不少，但从通俗性、普及化角度切入，还原历史现场，或者带入历史现场，见南宋都城之景、交南宋都城之人、历南宋都城之事，让普通读者来一场感受真切的南宋都城之旅，这仍然值得我们去挖掘。《南宋都城三部曲》就是这样来设计的，在打通古今的基础上，让历史与名城相得益彰。作为《南宋全书》之《南宋丛书》的子系列，

《南宋都城三部曲》同时也突出了《南宋丛书》为通俗读物的定位，努力做到有特色、有卖点、有市场，它从史事、人物与史迹三个不同的维度，全面展示南宋都城（今杭州）的历史文化遗产。《杭州城的南宋史》为"史事篇"，从杭州城的视角系统梳理南宋历史；《南宋人在杭州》为"人物篇"，追寻南宋名人在杭州的行动轨迹；《杭州寻宋》为"史迹篇"，讲述了杭州文物遗迹与湖山景观的前世今生。南宋朝廷立临安为行都，使杭州的城市性质与等级发生了根本性的巨大变化。从州府上升为国都，这是杭州城市发展的里程碑，杭州由此进入了历史上最辉煌的时期。正如杭州城市学研究理事会理事长王国平先生指出："正是南宋经济、文化、社会各方面的高度发展，促成京城临安极度繁荣，成为12—13世纪最为繁华的世界大都会，也正是南宋带来民族文化大交流、生活方式大融合思想观念大碰撞，形成了京城临安市民独特的生活观念生活方式、性格特征、语言习惯。直到今天，杭州人独有的文化特质、社会习俗、生活理念，都深深地烙上了南宋社会的历史印迹"（《南宋全书》总序）。

《南宋都城三部曲》的撰写，遵循王国平先生提出的"大宋史"编撰的理念，始终以唯物史观为指导，坚持以人民、以中华民族为中心的历史观点。比如《杭州城的南宋史》不仅叙述朝堂与宫廷的历史风云，更从杭州人民的视角展示历史的趋向，特别记述了高宗退居德寿宫、孝宗奉亲游览聚景园以及孝宗阅兵、班荆馆争夺国书等一系列轰动全城的事件，并以杭州凤凰寺的历史作为全书的末章，体现了大一统与民族融合是民心所向的观点。比如《南宋人在杭州》不仅讲述岳飞、张浚等主战派的故事，同样重点介绍主守派史浩在杭州的辉煌功业，深刻体现了矛盾论与实践论等唯物史观的理论方法。又比如《杭州寻宋》不仅梳理了南宋西湖景观化、意境化的历程，更强调明朝士大夫对宋代西湖的追忆与清朝帝王对西湖十景的再造与复制，通过西湖景观讲述了一部中华民族文化融合的大历史。总之，《南宋都城三部曲》

是在正确思想导向下对杭州南宋文化的一次总结。

让我们走进南宋都城杭州，感知南宋的历史风云。

吴铮强

2022 年 12 月

目　录

引　子

置身宋朝历史场景

穿越回归皇城临安

引子

　　杭州是南宋的都城,也是元明清三朝定都北京之前中国王朝史上最后一个都城。今天的浙江省、杭州市都特别重视宋文化的传承与发展,但是对于很多人来说,如何在杭州感受与体验宋文化的风韵,是一个会造成很大困扰的问题。很多普通游客会以为人造旅游景点"宋城"是在杭州了解宋文化的唯一途径,或者行走于主要由小洋楼构成的"南宋御街"总感觉自己误入了民国影视城。的确,南宋凤凰山下的皇城如今只是诸多老旧的居民小区,御街两旁只有民国建筑或者更新的高楼大厦。那么难道曾经最美丽华贵的南宋都城早已灰飞烟灭无从探寻吗?

　　当然不是。

　　事实上这只是一个相见不相识的误会。当您徜徉与迷恋西湖美景之际,可能完全没有意识到,沉浸式的南宋之旅已经开启;更难以想象的是,当您在武林路享用美食、在嘉里中心或湖滨银泰购物消费时,应也不会想到900年前这里曾经上演过最惊心动魄、百转千回的历史悲喜剧。很多人不会相信,南宋都城临安完整地保留了下来,只不过保留的主要不是宫殿建筑、城池楼阁,而是整体性的城市格局与园林景观。杭州城墙虽然早已拆除,但自西向东穿过庆春门,就是从城西的钱塘门走到了城东的庆春门。现在杭州老城区三横一纵的庆春路、西湖大道、河坊街与中山路,就对应着南宋临安的三组东西城门与御街。千年以来整体格局基本保存的情况在杭州这样都城级别的城市中是极为罕见的,所以只有在杭州，您才可以通过走街的方式，走向历史的深处，走向南宋的历史风云！

更令人赞叹、更出人意料的是，西湖其实是南宋的皇家园林。演绎过无数动人爱情故事的晴雨西湖从来不是自然长成，那是南宋的帝后、王公、达官与画家、诗人及无数工匠共同雕琢的艺术瑰宝。只有在南宋，整个西湖才第一次被无数的皇家与私家园林包围。也只有在南宋，艺术家们才把西湖的美景转化成精神图腾。所以只有南宋的西湖，让明朝遗民张岱心醉沉迷，让清朝的康乾大帝决心以大清皇家园林的形式再现于世，并在大清的都城北京复制出来。所以，只要您曾经有过某个瞬间被柳浪闻莺或三潭印月美到心碎，就不得不承认自己的精神世界早就被宋文化紧紧包围。

当然，在杭州只游览西湖将是一个重大的失误。有太多的人长期在杭州生活或无数次来杭州旅游，却从未去过六和塔与岳王庙（杭州唯二的第一批全国重点文物保护单位），更没有看过钱王祠的表忠观碑、杭州碑林的太学石经，没有驻足过龙井的过溪亭、留意过抱朴道院的半闲草堂、寻访过吴山的青衣泉。这些地方不但有最珍贵的南宋文物，还是真真切切的南宋历史大事或文化盛事的事发现场：苏轼在这里喝过茶，岳飞在那里被冤杀，朱熹在这里黯然神伤……

《杭州寻宋》分为"置身宋朝历史场景""大宋遗珍西湖十景""触摸宋代文物遗迹""穿越回归皇城临安"四个部分，从历史现场再现、西湖景观溯源、宋代文物详解与南宋街道穿越四个维度，带领您在杭州开启沉浸式南宋之旅。

一册在手，玩转南宋！

置身宋朝历史场景

表忠观碑：苏轼被退稿

　　宋室南渡，宋高宗赵构最终选择定都杭州的原因有很多，但杭州曾经作为吴越国国都是重大的前提条件。赵构的另一个选择是建康（今江苏南京），那里在北宋以前是另一个割据政权南唐的国都。为了躲避战争，赵构最终选择了离长江防线更远、治所（皇宫）在全城最南端且濒临钱塘江的杭州，南宋朝野还因此流传着赵构是吴越国国王钱镠转世的说法。因此今天在杭州寻访南宋，首先应该关注钱镠的遗迹，比如2001年杭州市政府重建的坐落于柳浪闻莺公园附近的钱王祠。

　　"东南形胜，三吴都会，钱塘自古繁华"，这是柳永的文学修辞。其实钱塘并非自古繁华，浙江原来的政治中心是在会稽。会稽在赵构驻跸后改称绍兴，但在吴越国定都杭州之后，会稽的政治地位逐渐下降，而杭州在北宋已经成为包括苏轼在内的无数士大夫向往的"东南形胜，三吴都会"。杭州的盛名也与苏轼密切相关，他不但修筑了苏堤，为杭州留下了无数的诗篇，还称杭州为"酒食地狱"。杭州的湖山诗酒对耽于享乐的赵构无疑构成了致命的吸引力，今天在杭州感受赵构迷恋的南宋临安，同样需要寻访苏

钱王祠明刻表忠观碑

轼的遗迹。杭州的苏轼遗迹不胜枚举，除了苏堤春晓与三潭印月，还有让书法家赵构着迷的苏轼楷书精品《表忠观碑》。《表忠观碑》这件纪念吴越国的巨型石刻至今依然竖立在钱王祠内，背后还隐藏着鲜为人知的吴越国与宋朝两个政权之间纠缠不清的关系。

赵抃请建表忠观

苏轼的《表忠观碑》清楚交代了表忠观的最初来历。熙宁十年（1077），苏轼离任杭州通判不久，新任的知杭州赵抃来信请苏轼撰写《表忠观碑》，说是"吴越国王钱氏坟庙及其父、祖、妃、夫人、子孙之坟，在钱塘者二十有六，在临安者十有一，皆芜废不治。父老过之，有流涕者"，为了保护吴越国王钱氏的家族墓地，他向朝廷请示建一座道观负责此事，所以表忠观是作为钱氏的功德寺观而出现的。

赵抃为了说明修建表忠观的必要性，在给朝廷的报告中回顾了吴越国的历史功绩，包括开国国王钱镠为唐朝平定叛乱，"故武肃王镠，始以乡兵破走黄巢，名闻江淮，复以八都兵讨刘汉宏，并越州以奉董昌，而自居于杭。及昌以越叛，则诛昌而并越，尽有浙东西之地"；世代忠诚于中原王朝而不称帝，"天下大乱，豪杰蜂起。方是时，以数州之地盗名字者，不可胜数。既覆其族延及于无辜之民，罔有孑遗。而吴越地方千里，带甲十万，铸山煮海，象犀珠玉之富，甲于天下，然终不失臣节，贡献相望于道"；吴越国忠于中原王朝，维护领土内长期的和平稳定，为经济文化发展创造了优越的条件，促进了浙江等地的长足发展，确保了当地百姓的安居乐业，"是以其民至于老死不识兵革，四时嬉游歌舞之声相闻，至于今不废。其有德于斯民甚厚"；更重要的是，宋朝建立后，吴越国不但出兵协助宋朝的统一事业，最后一位国王钱俶更是纳土归宋，以和平的方式促进了宋初的统一事业，也使吴越国百姓免于乱战。所以吴越国对宋朝的功勋、对民众的恩德是特别巨大的，"独吴越不待告命，封府库、籍郡县，请吏于朝。视去其国，如去传舍，其有功于朝廷甚大"。

对宋朝有特别功勋的吴越国钱氏，在入宋以后，其家族墓地竟然没有得到妥善的维护，自然会引起钱氏族人的不满。所以赵抃建议将杭州原来的一座基本废弃的佛教寺院"妙因院"改为钱氏的功德道观，让出家做道士的钱氏后裔钱自然来主持修建道观并负责维护钱氏家族墓地，至于钱氏在临安的家族墓地则由当地净土寺的僧人道微来负责。赵抃的请示迅速获得朝廷批准，赵抃于是又请已在徐州的苏轼为表忠观撰写碑文。苏轼的《表忠观碑》在当时就获得王安石的特别夸奖，说什么"斯作绝似西汉""三王世家体"。近代文学名家林纾在《古文辞类纂》选评中也认为这篇碑文"文极老洁，铭词亦雄警动人"。但王安石的女婿蔡卞就觉得很奇怪，原来《表忠观碑》的全文只是把赵抃上朝廷的奏状连带朝廷的批复"可。其'妙因院'改赐名曰'表忠观'"全文照抄了一遍，只有最后的铭文是苏轼自己的精心创作，用四字一句的骈文追述了吴越国钱氏的历史功绩。蔡卞对王安石说，这只是抄了一遍别人写给朝廷的报告，你怎么把这个当作范文来宣传呢，"直是录奏状耳，何名奇作"，王安石"笑而不以为然"。

今天竖立在钱王祠的《表忠观碑》是明嘉靖年间杭州知府陈柯重摹刻石。苏轼是一代书法巨擘，居"苏黄米蔡"宋四家之首。明代王世贞《弇州山人稿》评价《表忠观碑》："苏文忠公撰并书，结法不能如《罗池》，老笔亦自婉润可爱。铭词是苏诗之佳者。"清代钱大昕《潜研堂金石文跋尾》则称此碑书法"比之蔡君谟，有过之无不及，坡公最用意之作也"。《表忠观碑》是苏东坡"四大名碑"之首，以楷体大字书成，"字大四寸"，所以用四块巨石八面刻满才容纳下这篇碑文。现在所见明刻每面7行，满行18字，仅存第一、第三、第四石，字径比宋刻略瘦小，宋刻《表忠观碑》

钱王祠五王殿钱镠等像

每面6行，满行20字。

《表忠观碑》的落款时间是"元丰元年八月甲寅"，长期以来这也被认为是该碑刊石的时间。但事实上将近二十年后苏轼在信中提到"碑文不见入石"，这就涉及表忠观什么时候建成、《表忠观碑》什么时候刊石的复杂故事。

碑文不见入石

元丰元年（1078）八月十三日，徐州黄楼建成的第二天，赵抃邀请曾通判杭州的苏轼撰并书写碑记，苏轼的碑记一挥而就——赵抃的报告及朝廷的批示被全文照录，然后加上苏轼创作的四言铭文。

但《表忠观碑记》并未立即刊石立于观内。绍圣年间（1094—1097），苏轼贬谪惠州时，曾写信给杭州的僧人道潜（参寥）说："《表忠观记》及《辩才塔铭》，后来不见入石，必是仆与舍弟得罪，人未敢便刻也。"今人多以为《表忠观碑》初刻元丰元年，毁于元祐党禁，或称"后来不见入石"指苏碑毁后不得重刻。其实元祐党禁指宋徽宗崇宁年间蔡京等人立"元祐奸党碑"，苏轼去世两年后的崇宁二年（1103），朝廷才下诏"焚毁苏轼《东坡集》及《后集》印板"，而且"有旨天下，碑碣牓额系东坡书撰者，并一例除毁"。苏轼的《表忠观碑》在绍圣时还"不见入石"，崇宁年间自然无从"除毁"。杭州龙井寺辩才法师圆寂于元祐六年（1091），绍圣元年（1094）苏轼贬谪惠州时，苏辙也失势出知汝州，《辩才塔铭》"不见入石"或许是时间上不那么充裕。但《表忠观碑》撰成将近二十年，元祐四、五年（1089、1090）苏轼自己出知杭州，怎么可能"人未敢便刻"呢？这就涉及表忠观修建的来龙去脉。

元丰元年（1078）八月是苏轼在知徐州任上撰并书《表忠观碑》的落款时间。第二年初苏轼改知湖州，四月二十日到任，七月二十八日因乌台诗案被拘押入京，知湖州前后不足百日。乌台诗案之前，苏轼于元丰二年（1079）五月在湖州接待了从杭州来募捐的道士钱自然。钱自然道号通教大师，是吴越国王钱镠的直系子孙，也是表观忠的负责人。元祐年间苏轼再次任职杭州，他查阅档案才发现，当年赵抃提出改建表忠观并让钱自然住持，其实是有缘由的。赵抃给朝廷的报告在十月，之前的七月，钱道士曾提交一份申请，要求将杭州代管钱氏祖产的租赁收益每年一千三百五十四贯，划拨给他用以修葺钱氏"诸处坟庙"。他算了一笔账，修葺工程预算"工料价钱一万二千八百九十贯九十九文"，需要连续划拨九年"方得完备"。赵抃显然因为钱道士的申请，才向朝廷打了份报告，但报告中并没有提到钱的问题。结果钱道士成了表忠观住持，但修建道观的经费却没有落实。

苏轼在湖州时哪里知道事情这么复杂，他还以为钱道士要为《表忠观碑》感激他呢，一见面就问："表忠观完工了吧？"没想到钱道士说："还没呢，杭州去年收成不好，没人愿意捐钱给我修建道观。"苏轼觉得好奇怪，他印象中杭州人最喜欢花钱搞些迷信活动，所以他相信今年杭州丰收，修观预算应该不成问题："异哉！杭人重施而轻财，好义而徇名，是不独为福田也，将自托于不朽。今岁稔矣，子其行乎！"不过钱道士还是厚着脸皮让苏轼捐钱，因此苏轼作诗送他回杭州，诗的后四句是"凄凉破屋尘凝座，憔悴云孙雪满簪。未信诸豪容郭解，却从他县施千金"，就是说苏轼还是想办法从湖州帮钱道士筹集了一千贯的建观经费。

杭州并没有把钱氏祖产收益拨给钱道士，苏轼的一千贯钱解决不了问题，等今年收成好了再向杭州民众募捐也不靠谱。更致命的是，钱道士回杭不出两月，乌台诗案爆发，苏轼被拘押入京。当时的知杭州邓润甫是重要的变法派官员，无论如何也不可能让抵制新法的罪官苏轼撰碑的表忠观修建起来，钱道士上善若水、道法自然，也只能把修建表忠观的事情搁置下来。

乌台诗案的结果，苏轼免罪，但贬谪黄州（今湖北黄冈）。苏轼在黄州四年有余，杭州的表忠观仍未建成，引起钱氏后人强烈不满。元丰五年（1082）三月十八日，以皇城使钱晖为代表的一批钱氏后人直接向朝廷打报告，要求杭州归还钱氏祖产，以便筹资修葺各处钱氏坟庙。朝廷的批复，同意杭州每年从一千三百五十四贯的钱氏祖产收益中划拨五百贯给表忠观。

元丰七年（1084）四月，苏轼离开黄州，本来是转任汝州团练副使。一路游山玩水，元丰八年（1085）正月抵达应天府（今河南商丘），打报告请求在常州居住。三月，宋神宗突然去世，苏轼获准居住常州。五月抵达常州，六月却起知登州。十月抵达登州，又以礼部郎中召还朝廷。十二月抵京，元祐元年（1086）九月任翰林学士、知制诰。这次苏轼在京留任三年有余，经历了司马光尽除新法及其去世后反变法派内部的纷争。元祐四年（1089）三月，苏轼请求外任，四月授任知杭州，七月抵杭，度过了相当充实自在的一年零八个月。

元祐六年（1091）正月二十六日，苏轼被任命为吏部尚书，二月初四日除翰林学士承旨，二月二十八日以知制诰召还。对于这次入京，苏轼内心是抗拒的。他早已厌倦朝中无休止的权力斗争，上状辞免，请求外任。他说弟弟苏辙就在朝中任职，他的任命恐怕不符合当朝宰相的意愿，兄弟同时入朝必然招惹猜忌。辞免请求没有获得批准，临走之前苏轼开始回顾这次知杭，正是这两年不到的时间里他为杭州留下苏堤、三潭印月、六一泉等著名景点，但离杭之际表忠观成了他的心头事。其实除授吏部尚书那天，苏轼特意给钱自然道士及知越州钱勰寄去两壶酒并附诗（《闻钱道士与越守穆父饮酒，送二壶》）。二月二十八日上状辞免的同时，他另上一道《乞桩管钱氏地利房钱修表忠观及坟庙状》，详细回顾了为表忠观筹款的整个历程：熙宁十年钱自然请求拨款修坟庙，同年赵抃提议改建道观，元丰五年钱晖请求归还钱氏祖产，朝廷只批准每年拨款五百贯，到他离开杭州时，已历九年，总计"支得四千五百贯"，尚不足钱自然预算的一万二千余贯的一半，以致"经今十四年，表忠观既未成就，诸处坟庙，依前荒毁"，因此苏轼申请将钱氏祖产每年一千三百余贯收益全部拨给表忠观。

苏轼离开杭州后，为表忠观申请经费的奏状获得批准。但回京仅三月，元祐六年（1091）九月苏轼再次外任。元祐七年（1092）九月苏轼再次入京，次年高太后去世，宋哲宗亲政，苏轼的厄运再次来临。到绍圣元年（1094）十月，苏轼已贬至惠州。这期间，林希、王存、陈轩先后知杭州。林希曾为苏轼修筑的长堤题写"苏公堤"，苏堤由此得名，但此人后来也起草了贬斥苏轼兄弟的诏令，被讥为反复小人。王存与苏轼关系不错，在任时苏轼

惠州西湖苏轼题名碑

已被贬出朝廷。至于陈轩，他曾遭到苏轼弹劾，知杭州时苏轼已贬至惠州。应该就是在陈轩知杭期间，大概是绍圣二年（1095），苏轼写信给杭州的道潜，提到《表忠观记》及《辩才塔铭》，后来不见入石，必是仆与舍弟得罪，人未敢便刻也"，而陈轩很可能看到了此信。不久，苏轼在惠州给已经几十年没有联系的表兄兼姐夫、时任广东提刑的程正辅写信，其中提到"杭人送到《表忠观碑》，装背作五大轴，辄送上。老兄请挂之高堂素壁，时一睨之，如与老弟相见也"。这时距苏轼离开杭州不过四年，钱自然修表忠观的经费还没完全到位。估计陈轩不想看到苏轼《表忠观碑》有刻石的一天，所以派人将《表忠观碑》原稿寄还苏轼，"杭人送到《表忠观碑》"，苏轼接到退稿便转手送给表哥。

所以直到北宋灭亡，表忠观都没有机会修建，《表忠观碑》退稿后更不可能刻石。表忠观的修建需要等待一个政治上的契机，

那就是南宋高宗即位后提出"最爱元祐",并追赠苏轼为"太师"。所以绍兴二十九年（1159）理应是表忠观修成与《表忠观碑》首次刻石的时间，这时苏轼已去世58年。

忠顺贻麻钱王祠

表忠观与钱王祠其实是两个概念。表忠观是看护钱氏家族墓的功德观，依废寺妙因院而改建，原址在杭州西湖龙山（今玉皇山），差不多是今天南宋官窑博物馆一带。吴越国最后一位国王钱弘俶的生母吴汉月的陵墓就在附近，第二代国王钱元瓘是钱俶的父亲，他的陵墓在杭州南山陵园，距此也不过一二公里。

表忠观在淳祐（1241—1252）、宝祐（1253—1258）、咸淳七年（1271）年间多次重修、扩建，宋理宗还赐田三百亩。咸淳这次扩建，"改创三清大殿，而即殿之故址创五王庙，栋宇宏丽，像设森严"，南宋诗僧法照还有《表忠观》诗云：

> 钱王古庙锁莓苔，华表秋深鹤不来。昨夜石坛风露重，凌霄花落凤仙开。

南宋的表忠观很可能毁于元代。明世宗嘉靖三十六年（1557），浙江总督胡宗宪在涌金门外的灵芝废寺（今柳浪闻莺公园内）重建表忠观，因宋石残泐，杭州知府陈柯依据原碑重刻《表忠观碑》立于祠内右廊。明代重建的表忠观应该已经丧失了看护陵墓的功能，观内奉祀吴越国三代五位国王，纪念场馆的性质更加突出，因此逐渐被恰如其分地称为"钱王祠"，如陈柯撰记即题《改建钱王祠碑记》。

明崇祯年间（1628—1644），钱氏后裔钱国本、钱士璋等重葺钱王祠。清康熙四十四年（1705）春，清圣祖玄烨第四次南巡时到钱王祠，御笔题书"保障江山"匾额。两年后（1707）的春天，

钱王祠牌坊

钱镠像

钱王祠

钱王祠五王殿

康熙再到钱王祠，"四月初九日，圣祖幸柳浪闻莺，随命至表忠观看新悬御书匾额"。康熙五十六年（1717），浙江巡抚朱轼捐俸重修钱王祠，"庙貌稍稍完整"。雍正五年（1727）秋七月，浙江总督李卫又捐俸重修钱王祠，次年落成。祠前增建石坊，题额曰"功德崇坊"。李卫等纂修的雍正《西湖志》卷十四"祠宇"以"钱王祠"作为条目名称后，"钱王祠"正式取代"表忠观"。

清末民初，杭州二我轩、活佛等照相馆出版影集《西湖风景》《浙江西湖景》，其中收载有表忠观、功德崇坊等照片多幅，保存了那一时期钱王祠建筑风貌的珍贵历史信息。抗日战争期间，钱王祠被日伪占为马厩。1958年，杭州市在已成废墟的钱王祠旧址上规划建设杭州动物园。"文革"期间，钱王祠前牌坊被拆除，祠内建筑挪作他用。1975年杭州动物园迁至虎跑路，钱王祠旧址仍作他用，原钱王祠建筑仅存门庐。2001年，杭州市政府为挖掘杭州的历史文化内涵，恢复历史文化景观，决定在旧址重建钱王祠。

新的钱王祠于2003年国庆前夕竣工落成。重建后的钱王祠占地11300平方米，建筑面积4600平方米。从南山路进入钱王祠，首先穿过五座牌坊，牌坊尽头竖立着一座钱镠塑像，身披盔甲，气宇轩昂，怒目威武。钱王祠在牌坊东侧，门前另有一座功德牌坊。走进钱王祠，首先有一座全铜铸造献殿，由中国工艺美术大师、著名熔铜艺术家朱炳仁设计制造，通高8.4米，殿长宽各为4米，须弥台基长宽各为10米，用铜达40余吨，为单层三重檐式，上设阿育王塔式宝顶。献殿两边碑亭内分别是乾隆皇帝题写的"忠顺贻庥"碑与重建碑记。献殿两侧则是功臣堂，功臣堂内以壁画的形式展现西陵大战、擒董昌、大战狼山江、疏浚西湖、筑捍海塘、纳土归宋、陌上花开、兴筑罗城八个吴越国的重大历史事件，表彰钱氏三世五王的文治武功。功臣堂左侧表武功，右侧表文治，明刻《表忠观碑》三石现在就竖立在武功堂内。五王殿是钱王祠的正殿，奉祀吴越国三世五王，正中钱镠像高约5米，在他两侧

钱王祠武功堂壁画

是钱元瓘、钱弘佐,钱弘琮、钱弘俶的塑像。正殿之后又有匾题"光泽百世"的两层楼后殿,一楼有纳土归宋的历史场景的复原雕塑,二楼则陈列吴越国及钱氏家族的相关文献资料。

宋刻表忠观碑残石

明胡宗宪迁建表忠观时,杭州知府陈柯不满于宋刻表忠观碑已经"残剥",重新选石刊刻,"为易石摹刻之以置诸新祠,使谒王祠者读兹文以思王德,庶几斯祠、斯文,相与传世千百于无穷也"。所以西湖之畔钱王祠内竖立的从来就是明刻表忠观碑,但这时宋刻表忠观碑仍然存世。

清高宗乾隆二年(1737)秋,杭州府学教授余懋棨查阅大量文字记载后,确认宋刻表忠观碑仍在府学内,便组织人手屡次翻掘。经过坚持不懈的努力，终于在一处断墙下掘出了两块残碑。两碑已缺下截，每面六行，每行存九至十二字。剔除苔藓后，发现正是失踪多年的宋刻表忠观碑第一石和第四石。1947年，金石学家陈锡钧又在府学旧址颓垣下发现了十片碎石，拼凑到一起后方知为宋刻表忠观碑之第二石，因此也移至钱王祠保存。第一、二、四石共存三百四十八字，残损四十字。1958年钱王祠废址被利用为动物园，表忠观碑被长期忽视。1977年杭州动物园从西湖之畔迁至虎跑东侧，宋刻表忠观碑在这时失去踪影，仅剩三石的明刻表忠观碑则被移入杭州碑林（孔庙）。

2001年，杭州市重建钱王祠时，工作人员在杭州碑林重新寻获明刻表忠观碑三石（第一、二、四石），2003年，杭州市政府重建钱王祠后重新移入。令人惊喜的是，2020年，钱王祠维修期间，在西南碑亭附近开挖排水沟时发现了4块残石，合8面共33个字。与明刻表忠观碑对比，出土残石镌刻更深，字体更加圆润而具神

明刻表忠观碑第一石　　　　　　民国拓宋刻表忠观碑

宋刻表忠观碑残石

韵，又据馆藏宋刻表忠观碑拓本比照，发现4块残石正是宋刻原碑。为了向公众展出这四块宋刻表忠观碑残石，2020年11月20日"幸会，苏东坡——《表忠观碑》馆藏拓本展"在杭州苏东坡纪念馆（苏堤南端）隆重开幕。展览结束后，四块残石移入钱王祠，陈列于竖立着明刻表忠观碑的武功堂。

今天的钱王祠虽然是2000年后的全新建筑，但这里仍然保存着南宋初刻的表忠观碑残石。如果把这几块残石放回到它们曾经出现过的历史场景中，那么就会穿越一段南宋定都的史前史：

一、吴越国定都杭州，决定了浙江的政治文化中心从绍兴转移到杭州，杭州从此成为"东南形胜，三吴都会"，而这段历史正是表忠观碑记述的主要内容。

二、吴越国王钱俶纳土归宋，不但确保了北宋的统一大业与杭州的和平繁荣，也吸引了包括苏轼在内的文人士大夫对杭州最持久的热爱，这段历史是苏轼撰写《表忠观碑》的缘起。

三、苏轼生前一直没有看到《表忠观碑》刊石，这背后复杂的党争正是北宋衰亡的原因之一。直到宋室南渡、赵构定都临安，苏轼才得到朝廷公开的表彰，表忠观及碑才首次在杭州修成与刻石，所以表忠观碑的刻石史与南宋的定都史密不可分。

四、表忠观的迁址与宋刻表忠观碑的失而复得，又是南宋消亡史以及千百年来南宋历史记忆的深刻记录。

附：苏轼《表忠观碑》

熙宁十年十月戊子，资政殿大学士右谏议大夫知杭州军州事臣抃言："故吴越国王钱氏坟庙及其父祖妃夫人子孙之坟，在钱塘者二十有六，在临安者十有一，皆芜废不治，父老过之，有流涕者。谨按故武肃王镠，始以乡兵破走黄巢，名闻江淮。复以八都兵讨刘汉宏，并越州，以奉董昌，而自居于杭。及昌以越叛，则诛昌而并越，尽有浙东西之地。传其子文穆王元瓘。至其孙忠献王仁佐，遂破李景兵，取福州。而仁佐之弟忠懿王俶，又大出兵攻景，以迎周世宗之师。其后卒以国入觐。三世四王，与五代相终始。天下大乱，豪杰蜂起，方是时，以数州之地盗名字者，不可胜数。既覆其族，延及于无辜之民，罔有孑遗。而吴越地方千里，带甲十万，铸山煮海，象犀珠玉之富，甲于天下，然终不失臣节，贡献相望于道。是以其民至于老死不识兵革，四时嬉游歌鼓之声相闻，至于今不废，其有德于斯民甚厚。皇宋受命，四方僭乱以次削平。而蜀、江南负其崄远，兵至城下，力屈势穷，然后束手。而河东刘氏，百战守死以抗王师，积骸为城，酾血为池，竭天下之力，仅乃克之。独吴越不待告命，封府库，籍郡县，请吏于朝。视去其国，如去传舍，其有功于朝廷甚大。昔窦融以河西归汉，光武诏右扶风修理其父祖坟茔，祠以太牢。今钱氏功德，殆过于融，而未及百年，坟庙不治，行道伤嗟，甚非所以劝奖忠臣慰答民心之义也。臣愿以龙山废佛祠曰妙因院者为观，使钱氏之孙为道士曰自然者居之。凡坟庙之在钱塘者以付自然，其在临安者以付其县之净土寺僧曰道微，岁各度其徒一人，使世掌之。

籍其地之所入，以时修其祠宇，封殖其草木，有不治者，县令丞察之，甚者易其人，庶几永终不坠，以称朝廷待钱氏之意。臣抃昧死以闻。"制曰："可。其妙因院改赐名曰表忠观。"铭曰：

天目之山，苕水出焉。龙飞凤舞，萃于临安。笃生异人，绝类离群。奋挺大呼，从者如云。仰天誓江，月星晦蒙。强弩射潮，江海为东。杀宏诛昌，奄有吴越。金券玉册，虎符龙节。大城其居，包络山川。左江右湖，控引岛蛮。岁时归休，以燕父老。晔如神人，玉带球马。四十一年，寅畏小心。厥筐相望，大贝宁金。五朝昏乱，罔堪托国。三王相承，以待有德。既获所归，弗谋弗咨。先王之志，我维行之。天胙忠孝，世有爵邑。允文允武，子孙千亿。帝谓守臣，治其祠坟。毋俾樵牧，愧其后昆。龙山之阳，峕焉新宫。匪私于钱，唯以劝忠。非忠无君，非孝无亲。凡百有位，视此刻文。

过溪亭：辩才的龙井茶

茶为国饮，杭为茶都。杭州当仁不让地自号茶都，自然是拜龙井茶所赐。不过龙井以茶闻名，最初不是因为龙井产茶，所饮也不是今天以特殊手法炒制的散茶。龙井茶的源头应该追溯到北宋苏轼与辩才在龙井"煮茗款道论"，当时的龙井以圣寿寺高僧辩才以及龙井泉水适宜点茶而闻名。南宋时，一方面，龙井引起了皇室的强烈关注，有三位皇帝驻跸或封赐龙井；另一方面，品茗之风遍及民间，杭州已有俗谚"烧香点茶，挂画插花，四般闲事，不宜累家"，杭州龙井就成为举世闻名的品茗圣地。因此今天在杭州寻宋，龙井这一站的重点是要在过溪亭驻足，细细体会苏轼、辩才北宋那次相

龙井过溪亭

会，如何在南宋演变为朝野皆知、文士膜拜的茶事神话。

辩才老师退居龙井

辩才法名元净，出身于杭州於潜县（今杭州市临安区於潜镇），自幼在当地西菩寺出家。18岁到杭州上天竺寺进修，因道行甚深、圆融无碍，25岁便获赐紫衣及"辩才"法号，先后住持大悲宝阁院、上天竺寺近三十年，宗风远播，名动东南。苏轼与辩才的交往，故事很多。据说熙宁四年（1071）苏轼通判杭州时，一上任因寻访辩才不得而题诗于壁，成为美谈。但两年后僧人文捷结交权贵，夺取辩才上天竺寺住持之位，辩才被驱逐至於潜老家的西菩寺。熙宁七年（1074），苏轼推两名县官策马西行，专程到西菩寺拜访辩才并题写寺额。此后苏轼宦海沉浮，无论被贬黄州还是元祐旧党重新得势，与辩才从未中断书信往来，情谊不断加深。不过辩才第一次在龙井请苏轼喫茶，已是相识将近20年以后的元祐五年（1090）。

北宋元丰二年（1079），上天竺高僧辩才法师因年老退隐，选择与灵隐、天竺中仅一岭之隔的"龙井－风篁岭"山林幽深处的寿圣院废寺作为养老之所。风篁岭"草木深郁，流水激激悲鸣，殆非人间有也"，释辩才退休隐居后，他的僧俗好友释道潜、赵抃、苏轼、秦观等人和崇拜其道行大德的信友人众对其更加敬重，追随一如既往，各方闻风而至，虔诚聚集山中，龙井寿圣院一改往日之宁寂，成为西湖之西访游者云集的热点。

这期间辩才接待过秦观，秦观留下一篇《游龙井记》，并由米芾书碑而后刻石。向朝廷请示创修表忠观的知州赵抃重游龙井，辩才请他在龙井亭品茗，并留下了"湖山深处梵王家，半纪重来两鬓华。珍重老师迎意厚，龙泓亭上点龙茶"的诗句。元丰八年（1085），礼部侍郎杨杰陪同高丽国王子祐世僧统义天来杭州并参拜辩才。当时寿圣院可能改称延恩衍庆院，杨杰在《延恩衍庆院记》

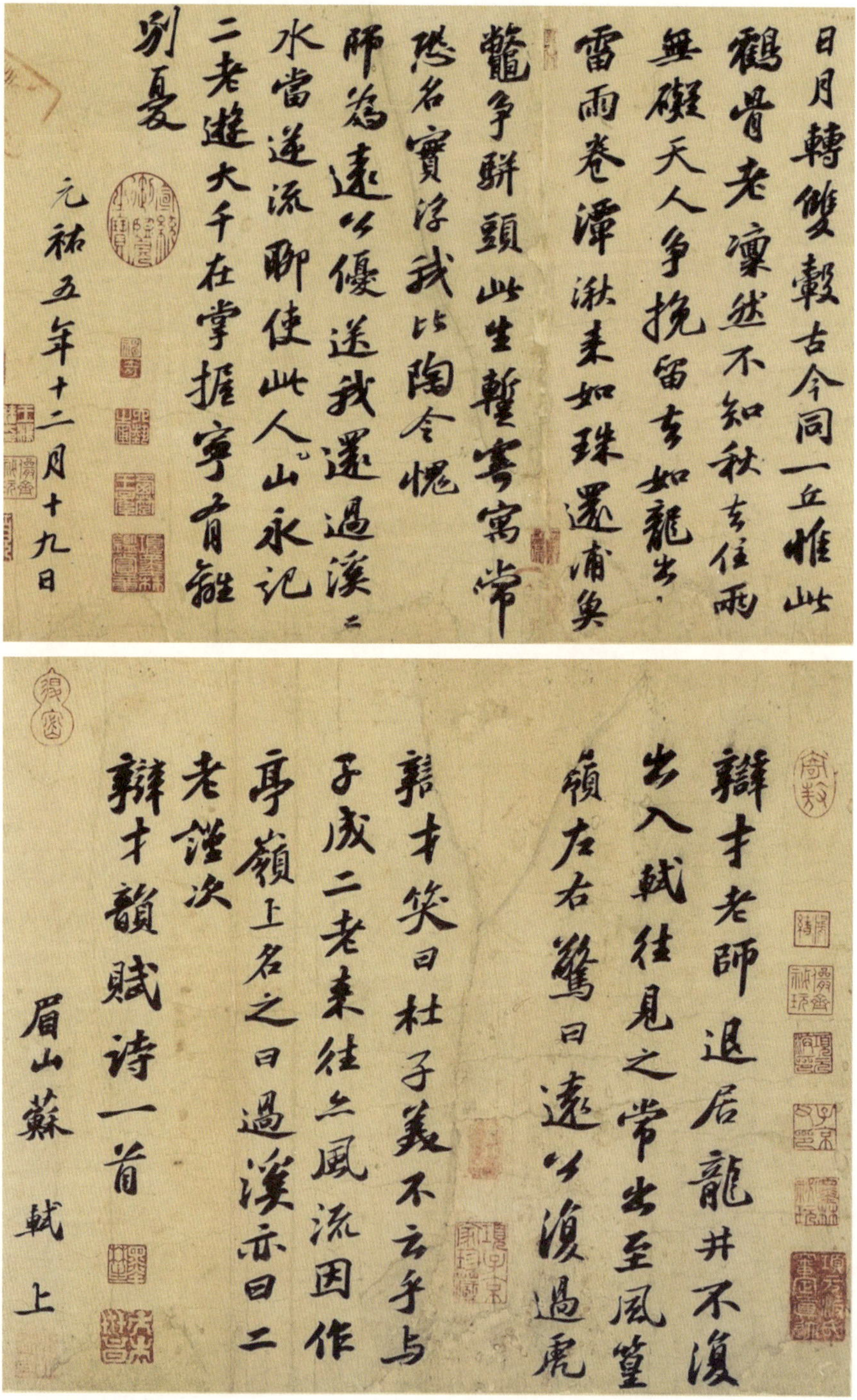

日月轉雙轂古今同一丘惟此
鶴骨老凜然不知秋氣佳雨
無礙天人爭挽留去如龍出
雷雨卷潭湫來如珠還浦奥
籠予駢頭此生蹔寄寓常
悠名寔浮我此陶令愧
師為遠公優送我還過溪二
水當逆流聊使此人山永記
二老遊大千在掌握寧有礙
別夏

元祐五年十二月十九日

辯才老師退居龍井不復
出入軾往見之常出至風篁
嶺左右驚曰遠公復過虎
豈不笑曰杜子美不云乎與
子成二老來往此風流因作
尋嶺上名之曰過溪亦曰二
老謹次
辯才韻賦詩一首

眉山蘇軾上

台北故宫博物院藏苏轼《次辩才韵诗帖》

老龙井景区苏轼与辩才像

中说，这一年的秋天他奉命陪同高丽国王子祐世僧统访道吴越，曾经一起在龙井拜谒辩才，他们经过风篁岭，观赏龙井泉，来到归隐桥，"鉴涤心沼，观狮子峰，望萨埵石"，登上潮音堂，在讷斋休息，然后以龙井泉沏茶（酌冲泉），"从容议论，久而复返"。

元祐四年（1089），苏轼以龙图阁学士知杭州，开始频繁往龙井与辩才品茗雅集。先是元祐五年（1090）二月苏轼与王瑜、张璩、周焘等为庆贺释辩才八十寿辰专程到龙井"来馈芗茗"雅集，并留下题名"苏轼、钱勰、江公著、柳雍同谒龙井辩才。元祐六年正月七日。元祐庚午，辩才老师，年始八十，道俗相庆，施千袈裟，饭千僧，七日而罢"。同年苏轼有《次叶教授韵记龙井之游》诗，其中"泉扉夜不扃，云袂本无幅""斋厨费晨炊，车骑满山谷"等句都表明当时游览龙井风篁岭已成为一种时尚。这年九月三十日，苏轼到龙井访会辩才，雅集相对终日，又留下了墨迹数纸。

元祐五年（1090）十二月十九日，苏轼到龙井同释辩才品茗雅集后，在新建落成的二老亭（过溪亭）中惜别。释辩才有诗《龙井新亭初成诗呈府帅苏翰林》记述了与苏轼"煮茗款道论"的过程，其中"过溪虽犯戒，兹意亦风流"是说辩才自退居圣寿寺后，自我约束以虎溪为界不再外出，结果这次为苏轼送行时聊的兴起，不知不觉越过虎溪。苏轼的次韵和诗极为有名，诗序详述辩才过溪犯戒的佳话：

> 辩才老师退居龙井，不复出入。轼往见之，常出至风篁岭。左右惊曰："远公复过虎溪矣。"辩才笑曰："杜子美不云乎：'与子成二老，来往亦风流。'"因作亭岭上，名之曰"过溪"，亦曰"二老"。谨次辩才韵赋诗一首，眉山苏轼上。

诗云：

> 日月转双毂，古今同一丘。惟此鹤骨老，凛然不知秋。去住两无碍，天人争挽留。去如龙出山，雷雨卷潭湫。来如珠还浦，鱼鳖争骈头。此生暂寄寓，常恐名实浮。我比陶令愧，师为远公优。送我还过溪，溪水当逆流。聊使此山人，永记二老游。大千在掌握，宁有离别忧。

后来苏轼手书该诗及序，这就是现藏于台北故宫博物院的苏轼著名的行书《次辩才韵诗帖》。元祐六年（1091）正月七日，苏轼再次与钱勰、江公著、柳雍同谒龙井，拜会辩才，品茗雅集。

昔我高宗驻跸龙湫

苏轼与辩才在龙井以茶雅集，其示范效应影响深远，从南宋开始就不断有人效仿、承传，所以明代就有人指出"龙井声名之振，端赖辩才退居、名公来访也"。

北宋末年，因为苏轼被打为元祐奸党，他的诗文都被毁禁，朝野更不得公开纪念苏轼。但苏轼早就是无数人的超级偶像，其中包括宋高宗赵构。赵构即位的第一年即建炎元年（1127），赵构就追复苏轼为端明殿学士，尽还合得恩数。建炎四年（1130），赵构又命苏轼的侄子苏迟进呈苏轼的任何墨迹。绍兴元年（1131）朝廷特赠苏轼资政殿学士、朝奉大夫。随着朝廷恢复苏轼的名誉，苏轼与辩才在龙井的雅集就被传为佳话。

南宋时，龙井酌泉品茗已是吸引帝王不断前往的盛事。绍兴十八年（1148），宋高宗赵构登临风篁岭，驻跸龙湫（井），酌泉其上，并赐风篁岭"龙祠"庙额"龙井惠济"。乾道二年（1166）二月，宋孝宗赵昚到玉津园（在凤凰山东麓）射宴后，自凤凰山驾幸龙

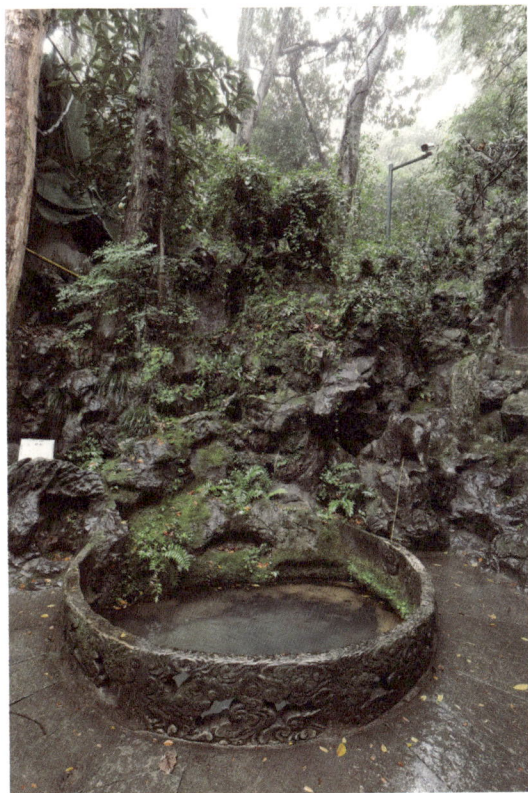

龙井泉

井。苏轼的地位在宋孝宗朝也进一步提升，乾道六年（1170）苏轼获谥"文忠"，乾道九年（1173）又特赠太师。宋宁宗赵扩则因追忆高宗酌泉龙井而特封龙井神为"嘉应灵润普广泽王"。

在帝王的示范下，龙井也成为奉祀苏轼的地方，龙井出现了三贤祠，供奉苏轼、辩才、赵抃三人像。绍兴二十五年（1155），苏轼的狂热崇拜者周必大与其友人张德庄、周孟觉来游龙井，雅集留题。绍兴三十二年（1162）三月己亥，时任监察御史的周必大又与芮国器、程泰之、蒋子礼同上风篁岭，酌龙井泉，入寿圣院，谒三贤像，并观赏绍兴二十五年（1155）周必大与其友

人来游时留下的题刻。

乾道七年（1171）八月，林景度、韩元吉、李彦颖、司马伋、崔渊、韩彦古等六位新锐文人雅集龙井，其中不乏北宋名臣之后，比如韩元吉是韩维的玄孙，司马伋是司马光的曾孙，韩彦古则是韩世忠的儿子。庆元（1195—1200）、开禧（1205—1207）年间某年夏日，杭州通判、贵胄诗人张镃等雅集龙井，这时龙井的寿圣院已改为广福寺，分韵赋诗。张镃成长篇七古近200言，不但描绘当时龙井广福寺环境、景物、陈设甚详，酌泉品茗、追怀先贤同样是活动的重点，"堂中遗像成三老，英爽长在游天垓。认题扫壁说前辈，今昔玩视俱悠哉"。

宋宁宗嘉定十四年（1221）立春日，秘书丞程珌追慕秦观、道潜夜游龙井拜会辩才之举，与三个儿子同上凤篁岭至广福寺。住持出示"范文正、东坡、栾城、参寥、辩才遗像，及坡遗辩才水墨罗汉八轴，轴皆二象，仁皇飞帛四字，与南唐草字四纸"，程珌感慨辩才、赵抃、苏轼当年诗茶雅集余韵依然，并在龙井"酌泉瀹茗，复汲二盎以归"。到了宋理宗绍定二年（1229），端明殿

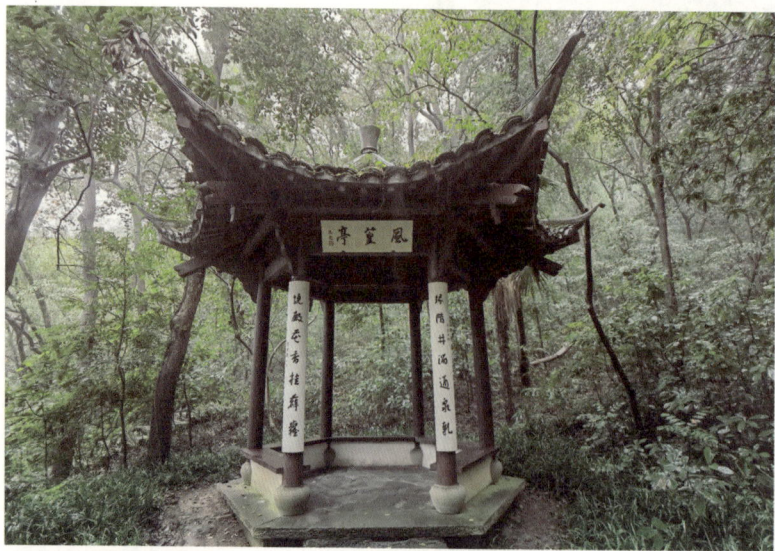

凤篁岭凤篁亭

学士、签书枢密院事郑清之为龙井重刻秦观撰、米芾书《龙井游记碑》，并"借石唶书其颠末"，记述获得米芾真迹及筹划刊石的经过，还透露了南宋文人认为不能传承龙井雅集的传统"实遗吾邦羞"。其后大约在嘉熙（1237—1240）、淳祐（1241—1252）间，晚年郑清之仍怀着激动的心情追赋七言律诗四首追忆当年龙井刻碑盛事。

风篁岭与过溪亭

今天杭州的"龙井"是一个盛大繁复的景区。首先是龙井村，每年春季采茶时节，这里是杭城农家乐与购茶的超级集市，车水马龙，热闹非凡。然后，自1991年中国茶叶博物馆建成以来，至今已发展出双峰、龙井两个馆区，总占地12余公顷，这是我国唯一以茶文化为主题的国家级专题博物馆。

今天要寻访当年苏轼、辩才的历史遗迹，又涉及两个景点。风篁岭以西的龙井泉或许就是现存最古老的龙井遗迹，当年无数文人雅士酌泉龙湫、高宗驻跸龙泓应该是指此处。龙井是一口泉井，三国时期已经闻名，大旱不枯，每逢干旱到此求雨屡验不爽。明正统十三年（1448），在龙井发现一枚"投龙简"，上面刻着东吴赤乌年间向"水府龙神"祈雨的告文。因泉水不枯，古人以为泉井与海相通，有龙在渊，故而称为"龙井""龙泓""龙湫"。而现代科学认为，龙井泉一带大片出露的石灰岩层都是向着龙井倾斜，这样的地质条件，给地下水顺层面裂隙源源不断地向龙井泉汇集创造了有利的因素。在地貌上，龙井泉恰好处于龙泓涧和九溪的分水岭垭口下方，又是地表水汇集的地方。龙井泉西面是高耸的棋盘山，集水面积比较大，而且地表植物繁茂，有利于拦蓄大气降水向地下渗透。这些下渗的地表水进入纵横交错的石灰岩岩溶裂隙中，最终便沿着层面裂隙流下龙井，涌出地表。由于龙井泉水的补给来源相当丰富，形成永不枯竭的清泉。此处由于龙井泉水来源丰富，而且有一定的源头压力，以一定的流速流入龙井，井池边形成一个负压区。由于表面张力的作用，负压区上方的水会微微高起，与负压区之间形成一个分界，这就是奇特的龙井泉"分水线"现象，雨后泉水补给量大时这一现象更为明显。龙井泉四周极为幽静，山色清秀，泉水淙淙，林木茂密，是西湖风景名胜中难得的僻静之处。清高宗弘历于乾隆二十六年（1761）南巡时，曾题龙井为"湖山第一佳"，又题龙井八景，分别为过溪亭、涤心沼、一片云、风篁岭、方圆庵、龙泓涧、神运石、翠峰阁，现在这些景点已全部恢复。龙井泉旁斜立一块号称"神运石"的石灰岩巨石，高约2米，状似游龙。外围又有高3米多颇似云彩的巨石，称为"一片云"。

龙井四周风篁岭上有着众多的名胜古迹。龙井泉往东行走山路数百米即过溪亭。过溪亭又称"二老亭"，即为纪念当年辩才为送苏轼过虎溪而建。正如"西湖雅集研究"课题组所指出：西湖龙井茶文化空间重心的历史性转移和品位的提升完善，始于并基本完成于北宋中、后期，到南宋时期则更上一层，其广义上的雅集活动实例当首推南宋高宗、孝宗与宁宗三朝的"天子"，都对"龙井–风篁岭"给予密切关注，或驻跸，或驾临，或赐封，不啻是给这块山林佛地与宜茶宝地打上了"至尊"的标记，而且直接引出随后众多皇亲、贵宦、雅客和文士纷纷来此相聚，诗茶

老龙井景区辩才亭与辩才塔

老龙井景区"宋广福院"

老龙井胡则墓

老龙井御茶园

欣会，题赋撰文，乐情贯注，余韵播传。到元代，雅集流风所及，盛会继起。入明，这一带的茶叶出产大为增长扩展，以散茶和"色香味形"俱佳为特色的本山"龙井茶"后来居上，成为西湖山水孕育的"尤物"与"绝品"，美名佳誉从杭州西湖向全国扩展，以致自号"十全老人"的清高宗弘历品龙井茶而赞不绝口，上风篁岭更为之倾倒。乾隆莅杭四度光临"龙井－风篁岭"的茶文化空间，在京则长相思念，赋咏不厌其多，叹赏不遗余力。而乾隆成为"铁杆龙井茶粉"的源头，正是宋贤辩才、苏轼为代表的龙井雅集。

不过龙井泉景区，无论是风篁岭还是过溪亭，似乎看不到任何纪念苏轼与辩才的设施。从龙井泉往西行一二公里，穿过整个龙井村可以发现另一处称为"老龙井御茶园"的景区。这里又称"十八棵御树"景区，源起于乾隆皇帝在龙井流连忘返时在胡公庙前种下十八棵茶树。老龙井御茶园号称坐拥十八棵御茶、老龙井、宋广福院、宋梅、九溪源、胡公亭、辩才塔、狮峰山等历史人文资源。乾隆种植茶树时的胡公庙，现已改为胡公亭，两者都是为葬在此处的北宋永康籍官员胡则而设立。不过20世纪90年代因胡则墓过于破败，永康族人一度将其墓迁回家乡，但后来老龙井景区内又保留了"宋兵部侍郎胡公墓"。

在老龙井御茶园，不但出现了苏轼与辩才诗茶雅集的塑像，更令人瞩目的还有辩才塔与宋广福院。辩才塔就是辩才的陵墓，苏轼抱怨"《表忠观记》及《辩才塔铭》，后来不见入石"，《辩才塔铭》就是为辩才塔所作。文献记载辩才塔毁于明末，现在的辩才塔是"近年在老龙井改建工程中，于后山茶坡中发现塔幢构件宝瓶塔顶、莲花座等，乃择址重建"。而所谓的"宋广福院"只是一座墙体式牌坊，年代不详但至晚不早于晚清，"宋广福院"四字匾额也来历不明。龙井一带佛寺的历史比较复杂，最早是乾祐二年（949）当地居民募缘在此建报国看经院，熙宁时改为由苏轼书额的寿圣寺。南宋绍兴三十一年（1161）改为广福院，淳祐六年（1246）改名龙井寺，又称"延恩衍庆院"，不久又复名广福院。咸淳二年（1266），南宋的最后一个权相贾似道投巨资扩建崇恩演福寺。演福寺在风篁岭东麓，据说规模宏大，以致将龙井寺并入其中。问题是龙井泉已在风篁岭西侧，"宋广福寺"出现在更西的一二公里之处似乎不太合理。无论如何，老龙井御茶园内的苏轼塑像、辩才塔，仍是龙井茶源头的重要纪念设施。

"前贤之胜韵不续，实遗吾邦羞"，今天的杭人仍以不能传承龙井雅集的传统为羞耻，所以才形成如此繁复的龙井景区，而他们是如此热衷在春天的龙井村边打牌边喝龙井茶，并为龙井泉与过溪亭保留了一份清雅幽静。

附：秦观《龙井记》

龙井旧名龙泓，距钱塘十里。吴赤乌中，方士葛洪尝炼丹于此，事见图记。其地当西湖之西，浙江之北，风篁岭之上，实深山乱石之中泉也。每岁旱，祷雨于他祠不获则祷于此，其祷辄应，故相传以为有龙居之。然泉者，山之精气所发也，西湖深靓空阔，纳光景而涵烟霏，菱芡荷花之所附丽，龟鱼鸟虫之所依凭，漫衍而不迫，纤余以成文，阴晴之中，各有奇态，而不可以言尽也。故岸湖之山，多为所诱，而不克以为泉。浙江介于吴越之间，一昼一夜，涛头自海而上者再，疾击而远驰，兕虎骇而风雨怒，遇者摧，当者坏，乘高而望之，使人毛发尽立，心掉而不禁。故岸江之山，多为所诱，而不暇以为泉。惟此地蟠幽而踞阻，内无靡曼之诱以散越其精，外无豪捍之胁以亏疏其气，故岭之左右，大率多泉，龙井其尤者也。夫畜之深者发之远，其养也不苟，则其施也无穷。龙井之德，盖有至于是者，则其为神物之托也，亦奚疑哉？元丰二年，辩才法师元静自天竺谢讲事，退休于此山之寿圣院。院去龙井一里，凡山中之人有事于钱塘，与游客之将至寿圣者，皆取道井旁。法师乃即其处为亭，又率其徒以浮屠法环而咒之，庶几有慰夫所谓龙者，俄有大鱼自泉中跃出，观者异焉，然后知井之有龙不谬，而其名由此益大闻于时。是岁余自淮南如越省亲，过钱塘访法师于山中，法师策杖送余于风篁岭之上，指龙井曰："此泉之德至矣。美如西湖，不能淫之使迁；壮如浙江，不能威之使屈。受天地之中，资阴阳之和，以养其源，推其绪余以泽于万物，虽古有道之士，又何以加于此？盍为我记之。"余曰唯唯。

岳王庙：鄂王天日昭昭

　　岳王庙与岳飞墓是杭州唯二的第一批全国重点文物保护单位（另一处是六和塔），曾经也是杭州最热门的旅游景点之一。南宋名将岳飞的坟茔，位于西湖北山路岳庙景区内西南侧，为一座条石砌筑的圆冢，冢前立有"宋岳鄂王墓"碑。嘉泰四年（1204），宋宁宗追封岳飞为鄂王，故而岳坟又称岳王墓。岳王墓右侧附有长子岳云之墓，立"宋继忠侯岳云墓"碑。现存墓碑及墓道两旁的石虎、石羊、石马、石翁仲均为明代遗物。因岳王墓在"文革"时期遭到严重破坏，1979年经国家文物局批准进行了全面修复，清理墓道时发掘出土了一尊南宋时期的石像生，现于庙内启忠祠展览陈列。

杭州岳王庙岳飞像

　　"青山有幸埋忠骨，白铁

无辜铸佞臣。"岳飞祠墓将南宋一段惨痛的历史刻写在国人的记忆深处，而岳飞的碧血丹心正是南宋得以在东南立国一个半世纪的精神支柱。

天日昭昭风波亭

岳飞，字鹏举，相州汤阴（今属河南）人，北宋宣和四年（1122）应募投军，屡建战功。靖康之后力主抗金，先后收复建康、襄阳等失地。绍兴八年（1138）南宋行都由前线建康迁至临安，宋高宗拜秦桧为相，主持宋金和议。绍兴十年（1140）完颜宗弼（金兀术）废约攻宋，岳飞北伐中原，取得郾城、颍昌大捷，一路进军朱仙镇，而宋高宗在战势有利的情况下仍偏安求和，发十二道金令迫使岳飞班师回朝，宋金开启第二次议和。主和派权相秦桧为铲除异己，先构陷抗金名将韩世忠，随后又怂恿台谏弹劾岳飞。万俟卨诬陷岳飞消极作战，不援淮西，弃守楚州，秦桧也指使其党羽上奏弹劾。八月，岳飞罢枢密副使官职，交还兵权，退居庐山。此后秦桧授意张俊买通岳飞旧部鄂州军副统制王俊诬告统制张宪谋反。十月，岳飞父子受张宪案牵连被关押于临安的大理寺狱，主审官万俟卨诬陷其子岳云与张宪有书信往来，并称书信已被烧毁。辞官赋闲的韩世忠为岳飞不平，质问秦桧，秦桧称："飞子云与张宪书虽不明，其事体莫须有。"羁押两月未获谋反证据，万俟卨遂以岳飞不援淮西为借口定罪，秦桧查抄岳飞家产，毁去高宗给岳飞的书信，诬蔑岳飞违诏拥兵逗留不进，又篡改岳飞的行军日程，强行给岳飞定罪。十二月，岳飞死于狱中，时年39岁，岳云、张宪也被处斩。

秦桧在岳飞辞官且绍兴和议已经达成的情况下仍要杀害岳飞的原因，一说是因岳飞主战，屡与秦桧为敌，遭其忌恨。岳飞曾指斥秦桧欺君罔上，还曾揭发秦桧构陷韩世忠的阴谋，惹怒秦桧。一说秦桧疑为金人之间谍，受金人指使杀害岳飞。秦桧随徽、钦

风波亭

二帝被掳后被金人故意纵回南宋成为奸细的最早出处，是南宋初年曾任宰相的朱胜非所撰《秀水闲居录》。《宋史》又称金兀术有书信授意秦桧，主要依据是岳飞之孙岳珂所撰《鄂国金佗萃编》卷二十《吁天辨诬通叙》载兀术给秦桧书信有"必杀岳飞，而后和可成也"之语。但有学者认为"兀术遗桧书"为岳珂等人杜撰，并以陆游《老学庵笔记》中秦桧自行逃归的记载论证其并非奸细。此外岳飞之死又有"东窗事发"之说，称秦桧罗织冤狱后，是否害死岳飞尚不能决，他的妻子王氏见到秦桧"于东窗下谋"，便说"擒虎易，放虎难"，秦桧在王氏怂恿下决意杀害岳飞。

当然谋害岳飞的主谋可能不是秦桧，而是宋高宗赵构。秦桧党羽王伯庠所撰《王次翁叙记》称宋高宗屡诏岳飞进军淮西，而岳飞拥兵不前，致使高宗开始产生诛杀岳飞的想法。岳飞下诏狱，最初由秦桧亲信何铸主审。《宋史·何铸传》载，岳飞在审讯中辩白时脱下上衣，何铸见其后背有"'尽忠报国'四大字深入肤理"，向秦桧指出岳飞完全是冤枉的。但秦桧很不高兴地说，这是皇帝的旨意，"此上意也"，遂改命万俟卨主审。

杭州岳王庙正殿"心昭天日"匾为叶剑英元帅所书　　杭州岳王庙"尽忠报国"题刻

　　宋代文献对岳飞遇害过程的记述众说纷纭。通常认为是秦桧密书矫诏，令狱官将岳飞秘密处死。宋人笔记《朝野遗记》记载岳飞被重物击打胸肋而死于大理寺狱中，"其毙于狱也，实请具浴，拉胁而殂"。《三朝北盟会编》的《岳侯传》记载岳飞是服毒而死，"侯中毒而死，葬于临安菜园内"。《中兴遗史》称岳飞乃枭首而死，"癸巳，飞死于狱中，枭其首"。《建炎以来朝野杂记》乙集卷十二《岳少保诬证断案》则记述岳飞被宋高宗下诏赐死，其中抄录大理寺定下罪状"取旨裁断"的奏状原文，提到高宗有御笔"岳飞特赐死。张宪、岳云并依军法施行，令杨沂中监斩，仍多差兵将防护"。不过有学者质疑高宗圣旨是在秦桧杀害岳飞之后才下达的，因为奏状的时间为岳飞遇害当日，而宰相审议、高宗定夺降旨、派军监斩的流程不可能在一日内完成。总之岳飞是否死于秦桧矫诏，又以何种手段被害，至今并无共识。

　　一般认为，岳飞在大理寺狱的风波亭内被杀害，被害前在供状上写下绝笔"天日昭昭，天日昭昭"。但是宋代史料中并未出现岳飞死于风波亭的记载。明人毛晋所集《六十种曲》之《精忠记》剧本里有岳飞父子三人于风波亭被吊勒而死的情节，"万俟爷分付秦丞相旨意。将岳家父子三人。今晚在风波亭上。一齐吊死回话"。南宋大理寺位于钱塘门内，接近今天的古钱塘门遗址。

2003年，杭州市政府于钱塘门遗址附近的湖滨一带建了一座仿古的风波亭。

以礼改葬栖霞岭

据《朝野遗记》载，岳飞死后，狱卒隗顺冒险将岳飞遗体背出城，埋葬在钱塘门外九曲丛祠旁的北山下。隗顺把随身佩藏的一个玉环埋在一起，在墓上"树双橘"作为标记，为掩人耳目还假称是"贾宜人坟"。九曲丛祠大概在宝石山东麓昭庆寺以北，也即今天杭州少年宫一带。

绍兴二十五年（1155）秦桧病死后，不断有官员上书为岳飞平反，然而宋高宗并未给岳飞翻案。绍兴三十一年（1161）金海陵王侵宋，次年宋孝宗即位后，重谋抗金，下诏为岳飞昭雪：

> 故岳飞起自行伍，不逾数年，位至将相。而能事上以忠，御众有法，不自矜夸，余烈遗风，于今不泯。去冬出戍鄂渚之众，师行不扰，动有纪律，道路之人，归功于飞。飞虽坐事以殁，而太上皇念之不忘。今可仰承圣意，与追复原官，以礼改葬；访求其后，特予录用。

绍兴三十二年（1162）宋廷决定以礼改葬岳飞，先寻访到伪

杭州岳飞墓

杭州岳飞墓文保牌

岳飞改谥"忠武"敕文碑

为贾宜人坟的岳飞葬地，然后以一品大臣之礼将岳飞改葬于西湖边栖霞岭。宋宁宗嘉泰四年（1204），岳飞被追封为鄂王，追赠太师，宋理宗宝庆元年（1225），改谥"忠武"。

礼葬岳飞后，岳珂之兄岳甫请状于礼部，希望将钱塘门外岳坟附近的显明寺充为岳家功德院，但因显明寺忏堂内有仪王赵仲湜安殡而作罢。嘉定十四年（1221）岳珂重新选定北山下的智果寺，请旨充为功德院，并赐以"褒忠衍福禅寺"为额。褒忠衍福寺即今北山路岳庙之始基。南宋时期岳墓及庙的兴修均由岳氏后人出资主持。据《重修褒忠衍福寺记》载，咸淳四年（1268）岳飞曾孙岳通曾主持修坟办祭。南宋灭亡后，岳坟荒废，元大德五年（1301）江州岳士迪复兴起废。据《重建精忠庙记》载，至元六年（1340）杭州路总管府经历李全初出资重建岳王庙，呈庙门、两庑、正殿格局，塑岳飞及五个儿子的塑像，殿后寝堂供奉岳飞父母及妻女像。元末庙毁，据《奏请敕赐庙额及照例春秋祭祀节略》载，明天顺元年（1457）浙江府同知马伟出资重修岳王庙并奏请申明祀典，岳王庙额改赐为"忠烈庙"。

明正德八年（1513）都指挥李

杭州岳王庙《赐褒忠衍福寺宫额敕》碑

杭州岳飞墓出土南宋石像生

杭州岳王庙山门

杭州岳王庙正殿

杭州岳飞墓秦桧、王氏跪像

现存岳王庙前"碧血丹心"石牌坊为 1995 年重建

隆，始铸秦桧、王氏、万俟卨三铜像跪于墓前，被义愤民众毁坏。明万历时，按察副使范涞重铸铁像，增加张俊一像。后世多次毁弃、增删、重铸。现存四跪像为1979年修复岳坟时，据河南汤阴县岳飞纪念馆的铁像重新铸造。清康熙五十四年（1715）杭州知府李铎主持重建，奠定了现存岳王庙建筑规模和格局。雍正九年（1731），浙江总督李卫重修岳庙，并在曲院风荷北岸竖起"碧血丹心"石牌坊。

民族英雄岳武穆

杭州岳王庙总占地达15700平方米，总建筑面积3000平方米，主要由墓区和庙区二部分组成。1961年，岳王庙被国务院公布为第一批全国重点文物保护单位，同时岳王庙是国家、省、市三级爱国主义教育基地。岳王庙现存建筑主要是清康熙五十四年（1715）重建，1918年曾有大修。在"文革"期间杭州岳王庙和岳飞墓遭到严重破坏，墓阙被推倒，墓地被夷为平地，到处是被砸破的断碑残碣。1979年，在国家财政十分困难的情况下，中央拨专款修复岳王庙。

现存岳王庙头门是二层重檐建筑，正中悬挂"岳王庙"三字竖匾，门殿内侧"气壮山河"则是中国宋史研究会原会长邓广铭先生的题字。正殿忠烈祠重檐中间悬着一块"心昭天日"横匾是叶剑英元帅所书。大殿正中是彩色高4.5米的岳飞塑像，身着紫色蟒袍，臂露金甲，显示了武将的英雄气概。这座深入人心的岳飞塑像显然采用了连环画等民间想象的岳飞形象，与南宋《中兴四将图》中的岳飞不符，一度引起是否应该重新塑造的争议。忠烈庙塑像上方匾额"还我河山"四字，为民国时从岳飞手书《吊古战场文》与《出师表》二帖所集字。

殿两面壁上是明代莆田人洪珠写的"尽忠报国"四个大字。左右两边各悬一块"碧血丹心"与"浩气长存"横匾，是佛教协会原会长赵朴初和已故西泠印社社长沙孟海所书。正殿后面两旁是岳母刺字等巨幅壁画，展示了岳飞保卫国家的英雄业绩。岳母刺字传说出现于清乾隆年间，钱彩评《精忠说岳》第22回"结义盟王佐假名，刺精忠岳母训子"。《宋史·何铸传》载"飞裂裳以背示铸，背有旧涅'尽忠报国'四大字，深入肤理"，但没有岳母刺字的说法。

正殿西面有一组庭园，入口处有精忠柏亭，内有枯柏8段。传说柏树原在大理寺风波亭边上，岳飞遇害后就枯死了，后移放在岳坟边上，称为精忠柏。其实枯柏是松柏科属的植物化石，已有一亿多年的历史。庭园南北各有一条碑廊，北面碑廊陈列的是包括《满江红》在内的岳飞诗词、奏札等手迹，南面是历代修庙的记录以及历代名人凭吊岳飞的诗词。

庭园中间石桥名精忠桥，过精忠桥有墓阙，造

杭州岳王庙邓广铭先生书"气壮山河"匾

杭州岳王庙正殿内部

杭州岳王庙"精忠柏"

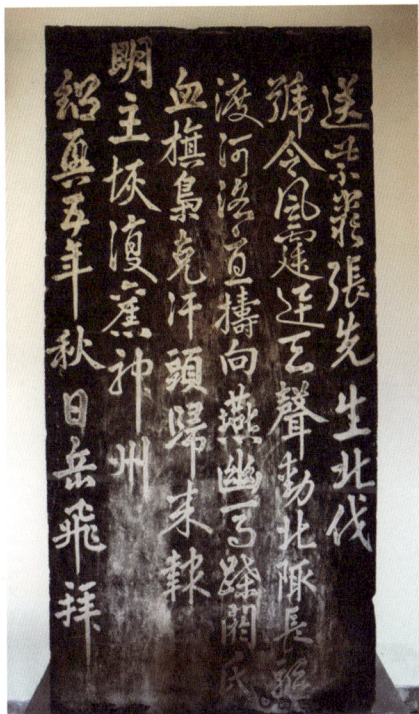

杭州岳王庙碑廊岳飞题诗碑刻

杭州岳王庙冯玉祥"民族英雄"题刻

型古朴，是1979年重修时按南宋的建筑风格修造，墓阙边上有井名忠泉。进墓阙重门即岳飞墓园，墓道两侧有石马、石虎、石羊各一对，石俑三对正中便是岳飞墓，墓碑上刻着"宋岳鄂王墓"，左边是岳云墓，墓碑上刻着"宋继忠侯岳云墓"。墓道两旁陈列的石虎、石羊、石马和石翁仲，是明代的遗物，1979年修复时曾出土一件南宋石翁仲则在景区的启忠祠陈列展出。墓前望柱刻对联"正邪自古同冰炭，毁誉于今判伪真"。墓阙后面两侧分列秦桧等4人的铸铁跪像，供人唾骂，遗臭万年。墓阙后重门旁有对联"青山有幸埋忠骨，白铁无辜铸佞臣"。

特别值得注意的是，陵园入口处精忠柏亭北侧墙上，有冯玉祥题刻"民族英雄"四个鲜红大字。近年时有人讳言岳飞是民族英雄，其实大可不必，这也是对历史一知半解的表现。事实上岳飞"民族英雄"的称号是抗战期间凝聚民族团结力量的精神符号。1918—1921年两任浙江督军杨善德、卢永祥发起各省督军捐款重修岳庙，引岳飞忠义为民国军人之楷模。1931年九一八事变爆发，东北沦陷，岳飞精神成为反抗列强侵略的代表，蒋介石在国民党四全大会闭幕词称："为救亡御侮而牺牲，我们要以无数的无名岳武穆，来造一个中华民国的岳武穆。"1936年12月，在全国上下抗日情绪不断高涨的背景下，爱国将领冯玉祥在岳庙题写"民族英雄"四字，并撰楹联"还我河山，一片忠心唯报国；驱尔异族，百年奇耻不共天"。

太学石经：秦桧的书法

　　石经是指刻于石碑、摩崖上的佛教、道教和儒家经典，太学石经是其中的特殊类型，主要依据官定儒家经典刻成并放置于太学作为国家标准文献版本。太学石经刊刻始于东汉晚期，蔡邕在熹平四年（175）奏请订正六经文字，亲手写经于碑，后世称为熹平石经。其后我国历史上还有六次大规模的刊刻太学石经，分别是魏正始石经、唐开成石经、蜀广政石经、北宋嘉祐石经、南宋绍兴石经、清乾隆石经。其中南宋太学石经是全国现存唯一由皇帝御笔亲自书写的石经，现存7经80石，收藏于杭州碑林石经阁内。杭州碑林所存宋高宗御制太学石经、宋高宗题赞李公麟绘孔子与七十二弟子像刻石、宋理宗道统十三赞及"大成之殿"刻石，不但是三种极珍贵的南宋御制石刻文物，而且基本勾勒出一部南宋政治文化的演变史，或者说是南宋道学的命运史。

杭州碑林

高宗颁赐御书

高宗擅长书画，书法造诣极高，六朝书法无不临摹，行、楷、草各书都十分精通，著有《翰墨志》品评古今书法，自称"凡五十年间，非大利害相妨，未始一日舍笔墨"。经历靖康之难后，宋廷收藏的图书、文物、名画、皇帝御笔等多有散佚，而高宗热衷文艺，访求法书名画不遗余力。高宗还热衷于抄写经史，经常把自己的书法颁赐给臣下。绍兴二年（1132）以来，高宗多次颁赐御书经文和诗歌，御书《孝经》先后三次赐给臣下，绍兴九年（1139）高宗就将御书真草《孝经》赐予秦桧，并下诏允准秦桧刊石。

除颁赐臣僚外，绍兴十三年（1143）之后高宗还将御书儒经颁赐给各地州学，令州学刻石，并以拓本分发给当地官员、学生。现在一般认为南宋石经刊石太学当在高宗绍兴十三年十一月之后，依据是南宋李心传《建炎以来系年要录》这一月的记事："秦桧奏：'前日蒙付出御书《尚书》，来日欲宣示侍从官，不惟观陛下书法之妙，又令知陛下圣学不倦如此。'"但这条记载只能说明御书《尚书》的始刻时间是绍兴十三年十一月，后面又讲到"时上所写六经与《论语》《孟子》之书皆毕，桧因请刊石于国子监，

宋高宗御制石经

仍颁墨本赐诸路州学",可以理解为是追述前事。

御制石经的刊刻是一个持续的过程。据南宋王应麟《玉海》记载,高宗御制石经的刊刻似乎经历了三个阶段,第一阶段是绍兴十三年(1143)九月,这时新的太学虽已建成,但主要是在"诸州学"刊石。这个时间点其实非常确凿,因为太学石经各篇末均有秦桧跋语,最后的落款是"绍兴十有三年秋九月甲子,太师、尚书左仆射、同中书门下平章事兼枢密使、监修国史、提举实录院、提举详定一司敕令、提举编修玉牒所、魏国公、臣秦桧谨记"。第二阶段是绍兴十四年(1144)以来,这才刊石于新建成的太学首善阁。第三阶段则是孝宗淳熙年间重建"光尧石经之阁"以"奉安石经"并补刻《礼记》五篇。这样梳理下来,杭州最早的刊刻石经并不是在新建太学,而是在临安府学,而绍兴十三年九月临安府学应该刚刚丧失太学的功能。

岳飞宅改南宋太学

临安府学就在今天的杭州孔庙。

赵构称帝后,为躲避金兵而从南京(今河南商丘)退至扬州。建炎二年(1128)七月,金军再次南下追击赵构。十二月,金兵攻陷东平府和大名府,知济南府刘豫降金。这时赵构派御营司武将苗傅率八千将士,护送孟太后退至杭州,苗傅抵达杭州后驻扎在奉国尼寺。后来赵构也退至杭州,苗傅与刘正彦等发动政变。政变被平定后,赵构升杭州为临安府。直到绍兴二年(1132)正月,赵构遭金军多次追击后终于将朝廷迁至临安。绍兴八年(1138)赵构定都临安后,坐落在凤凰山下的杭州州治就升格为南宋皇城,临安府就被迁至当年苗傅驻扎过的奉国尼寺。2005年杭州市考古所对荷花池头旧城改造工程工地进行考古发掘,出土遗迹被认定为是南宋临安府治。

随着府治的迁徙,府学也势必迁址重建。目前所知杭州官学

杭州孔庙大成殿

元代杭州路重建庙学碑

的最早记载是范仲淹所载"前知州李谘在任日重修宣圣庙"。李谘于天圣六年（1028）至七年（1029）出知杭州，州学自然在州治附近，《乾道临安志》记载"旧在府治之南，子城通越门外"，推测应该在今南宋皇城遗址西南的苕帚湾西端。而赵构一旦决定以原杭州州治为南宋大内，府学也随府治"于凌家桥东以慧安寺故基重建"，这就是今临安府治遗址东北方向的劳动路杭州孔庙。

因南宋定都杭州，这时的临安府学号称"京学"。都城理论上需要建设一座规格更高的"太学"，因一时无从着落，绍兴十二年（1142）四月又下令"增修临安府学为太学"，所以现在的杭州孔庙曾短暂承担太学功能。府学内设太学不是长久之计，这时绍兴和议已经达成，岳飞已被杀害，绍兴十三年（1143）正月便下诏以前洋街岳飞故宅建设太学，秋七月建成，"奉安至圣文宣王于国子监大成殿，命太师秦桧行礼，时学初成，帝自题赐书阁榜曰'首善'"。岳飞宅或南宋太学的所在地就是今天杭州延安路的

嘉里中心，此前这里是浙江医科大学、浙江大学医学院。

南宋太学建成后，临安府学始终是杭州地方官学，历元明清三代再未迁址。1912年民国成立，杭州府学功能丧失，仅府学内孔庙作为祭祀孔子的场所得以保留。1927年国民政府下令废止祀孔，杭州绅儒组织孔圣纪念会，自行筹款办理祭祀并兼管孔庙庙产。1931年九一八事变后政府恢复祭孔，1935年孔庙后院空地被建成浙江省立杭州师范学校新校舍。杭州沦陷后，杭州孔庙被汉奸拆卖后另建，抗战胜利后国民政府再次重建杭州孔庙，1949年以后杭州孔庙陆续为单位及居民占用。1979年，政府决定以原存放在孔庙的南宋太学石经、道统十三赞等珍贵文物为基础，广泛收集与杭州历史文化相关的各类碑刻建成杭州碑林。

吴讷收拾御碑

南宋灭亡之后，元僧杨琏真迦系统毁灭南宋文物，本计划以南宋石经充作塔基，幸得杭州推官申屠致远力争而未得全毁。此后石经长期未获保护，直至明宣德元年（1426）巡按浙江监察御史吴讷重加搜集。吴讷记述南宋石经时称"绍兴二年宣示御书《孝经》，继出《易》《诗》《书》《春秋左传》《论》《孟》及《中庸》《大学》《学记》《儒行》《经解》五篇，总数千万言，刊石太学"，这样南宋太学石经就多了一篇《孝经》，并且将刻石时间提前了十余年。据吴雪菡《南宋高宗御书〈孝经〉刻石考论》，御制《孝经》刊石确有其事，时间是在绍兴九年（1139），"宰臣秦桧乞以上所赐御书真草《孝经》刻之金石"。这时南宋还没有太学，甚至《孝经》刊石也与学校无关，只是秦桧的个人行为。绍兴十三年（1143）正月二十五日，朝廷从秦桧的胞弟、湖州守臣秦棣所请，颁秦桧所刊高宗御书《孝经》石刻拓本于各地州学。然后到绍兴十四年（1144）七月二十二日，朝廷又从御史汪勃所请，命各地州学以绍兴十三年（1143）所赐高宗御书《孝经》拓本刊石。这里的各地州学应该包括临安府学而不包括新建成的太学，因此南宋太学石经应该不包括《孝经》，只是与太学石经差不多同时在临安府学中出现了御制《孝经》石刻。

吴讷将《孝经》视作太学石经的一部分事出有因。原来南宋太学在元朝改为西湖书院，而临安府学在元代改为杭州路儒学。此后屡毁屡建，一次是至正二年（1342）失火，一次是至正十二年（1352）为徐寿辉军所毁，永乐十七年（1419）年再次失火，"荡熄殆习，所存者仅戟门"，直至宣德三年（1428）巡抚熊概再次重建。因此宣德元年（1426）吴讷重新收集太学石经时，杭州孔庙尚是一片废墟有待熊概重建，原存临安府学的《孝经》石经这时或者之前很可能已被移入此时已改为仁和县学的原南宋太学，所以在吴讷看来《孝经》应该是南宋太学石经的一部分。

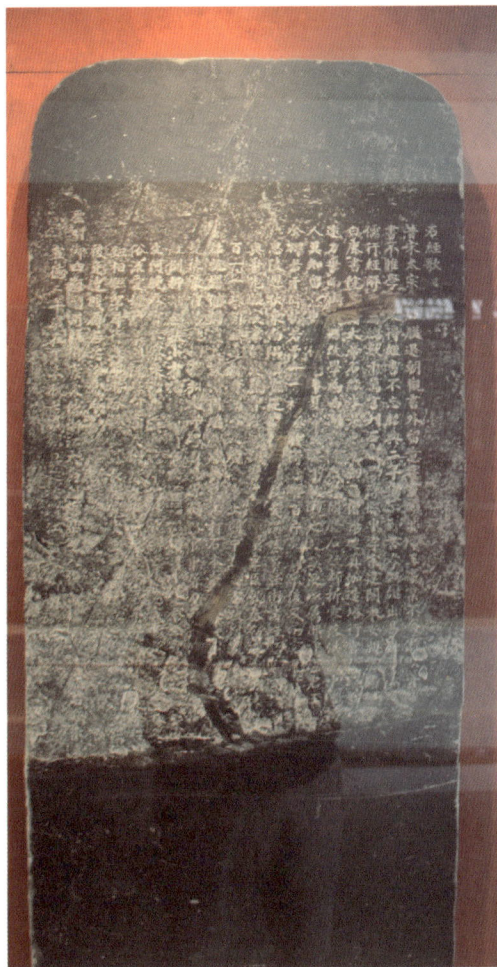

吴纳石经歌碑

正德十三年（1518），巡按浙江监察御史宋廷佐又将石经残石移入府学即今天的杭州孔庙，1949年以后清点得85石，1958年杭州文化局为石经保护问题与孔庙旧屋使用单位制氧机厂订立合同。现存85石包括《易》2石、《书》7石、《诗》10石、《中庸》1石、《春秋》48石、《论语》7石、《孟子》10石。据现存石经数量及石经总字数比例推算，原南宋石经总量可能是131石。

51

君师之任归于一

南宋太学石经显然与绍兴和议关系密切，吴雪菡就指出"绍兴九年（1139）六月那次《孝经》刊石，其实是绍兴八年高宗决心与金和议的连锁反应"，绍兴十三年（1143）"诏令各地州学以御书《孝经》刊石，真实目的在于平息反对议和的言论"。按照这样的逻辑，"诏以钱塘县西岳飞宅为国子监太学"及同年太学石经刊刻同样可以理解为平息反对议和言论的连锁反应。所以南宋太学石经也是宋高宗与秦桧合作的产物，不但高宗赐书而秦桧因请刊石，而且秦桧还在高宗御书末尾刊刻自己撰写的跋语。清代丁丙所见石经尚保留三篇秦桧跋语，"卷末皆刊桧跋语……今《诗》《论语》《左传》末一碑俱存，皆有桧跋，跋语同"。

丁丙在编辑《武林坊巷志》时，详细记载了包括秦桧跋语在内的杭州府学所存南宋太学石经的情况，其中又提到"朱竹垞

宋高宗御制石经秦桧跋

李公麟《孔子像》石刻拓本

《杭州府学宋石经跋》谓秦桧一跋已为明巡按吴讷椎碎者，殊误"。
朱竹垞（彝尊）称吴讷当年破坏了石经的秦桧跋语，其实秦桧跋
语至今尚存，所以有"殊误"之叹。其实这是一个误会，吴讷的
确破坏了秦桧的一篇跋语刻石，不过这一篇秦桧所跋不是石经而
是"宋高宗题赞李公麟绘孔子与七十二弟子像刻石"。吴讷不但
磨去了这篇跋语，还自己另写了一篇覆刻其上，并清楚说明了他
磨去秦桧跋语的原因，也直接引用了秦桧原跋中的"错误言论"。

　　这篇跋语的信息非常丰富，特别是说明御制题赞其实是漫
长的过程。李公麟本是北宋的官僚画家，宋高宗最早为李公麟
画作题赞是在绍兴十四年（1144）临幸新建太学时，此后陆续为
七十二贤人题赞，而秦桧题跋时间已是绍兴二十五年（1155）八
月。李公麟画作及宋高宗题赞刻石完成则是绍兴二十六年（1156）

十二月，这时秦桧已去世将近一年。不过这里的问题是，吴讷为什么只删题赞跋语而不删石经跋语呢？原来秦桧在题赞的跋语中攻击当时出现不纯洁的、"狙诈权谲"的士风，"今缙绅之习，或未纯乎儒术，顾驰狙诈权谲之说，以侥幸于功利"。秦桧攻击的对象特指理学，明代程朱理学已经成为正统思想，所以以吴讷要破坏这篇跋语，而石经上的秦桧跋语并没有直接攻击理学，也就没有必要使其消失。

南宋以来，理学的经历极不平凡。在孝、光、宁三朝，朱熹逐渐完善了其庞大的理学思想体系，而且传播日众，理学群体的政治影响力也日益增强。宁宗朝韩侂胄发动庆元党禁，将理学打为"伪学"，朱熹就被打为伪学党魁。但是到了史弥远扶立宋理宗赵昀之后，两人为了拉拢理学群体美化政治，开始极力提倡理学，理学初步获得政治上的正统地位，理宗还亲自祭祀孔子，将御撰的《道统十三赞》宣示国子监诸生等。今天宋理宗御制的《道统十三赞》以及《大成之殿》等仍以石刻保存在杭州孔庙。所以杭州孔庙收藏的高宗、理宗御制石刻，不但是南宋帝王的书法精品，更是

吴讷覆刻高宗御制题赞跋

宋理宗御书"大成之殿"碑

宋理宗御制道统十三赞碑

南宋理学与政治关系史的实物史料。

附：宋高宗御制石经秦桧跋

闻之《书》曰："天降下民，作之君，作之师。"自古圣王在上，则君师之任归于一，故尧舜之世，万邦咸宁，比屋可封者，治教之功效大验也。伏惟主上以天锡勇智，拨乱世反之正。又于投戈之隙，亲御翰墨，尽书六经以及《论语》《孟子》《左氏传》，朝夕从事，为诸儒倡诵。因奏请刊石于国子监，颁其本遍赐各官，尧舜君师之任，乃幸获亲见之。夫以乾坤之清夷，世道之兴起，一人专任其责，所为经纶于心、表仪以身者，勤亦至矣。所望于丕应者岂浅哉？《诗》不云乎："思皇多士，生此王国，王国克生，维周之干。"臣愿与学者勉之。绍兴十有三年秋九月甲子，太师、尚书左仆射、同中书门下平章事兼枢密使、监修国史、提举实录院、提举详定一司敕令、提举编修玉牒所、魏国公、臣秦桧谨记。

附：宋高宗御制孔子及七十二弟子赞吴讷跋

右宣圣及七十二弟子赞，宋高宗制并书，其像则李龙眠所画也。高宗南渡，建行宫于杭。绍兴十四年正月始即岳飞第作太学，三月临幸，首制先圣赞，后自颜渊而下亦撰辞，以致褒崇之意。二十六年十二月刻石于学，附以大师、尚书左仆射、同中书门下平章事兼枢密使秦桧记。桧之言曰"孔圣以儒道设教，弟子皆无邪杂背违于道者。今缙绅之习，或未纯乎儒术，顾驰狙诈权谲之说，以侥幸于功利"，其意盖为当时言恢复者发也。呜呼！靖康之祸，汴都沦覆，当时臣子正宜枕戈尝胆以图恢复，而桧力主和议，攘斥众谋，尽指一时忠义之言为狙诈权谲之论，先儒朱熹谓其"倡邪说以误国，其罪上通于天，万死不足以赎"者是也。昔龟山杨先生时尝建议罢王安石孔庙配享，识者韪之。讷一介书生，幸际圣明，备员风纪，兹于仁和县学得观石刻，见桧之记尚与图赞并存，因命磨去其文，使邪诐之说奸秽之名不得厕于圣贤图像之后，然念流传已久，谨用备识，俾后览者得有所考云。宣德二年，岁在丁未秋七月朔，巡按浙江监察御史海虞吴讷识。教谕林贤训导刘数摹勒于石。

通玄观造像：宦官当道士

绍兴十九年（1149）冬，金朝平章政事完颜亮发动宫廷政变，杀金熙宗并夺取皇位。完颜亮史称"海陵王"，他立志灭南宋，传说曾让画工绘制自己策马临安城中吴山的形象，并题诗"提师百万临江上，立马吴山第一峰"。绍兴三十一年（1161）五月，完颜亮在迁都汴京后，分四路侵宋。宋淮西主将王权退逃至江南的采石矶（今安徽马鞍山市南），金军攻占庐州、滁州、和州、扬州等地，完颜亮到达西采石附近的江北渡口杨林渡。宋高宗赵构被迫应战，一面做出北上建康亲征的姿态，一面任命知枢密院事叶义问、中书舍人虞允文等统一指挥江淮战事。十一月初八日，完颜亮命金军渡江，虞允文指挥宋军和当涂民兵以海鳅船中流阻击。次日金军渡江，遭南宋二支水军夹击，虞允文便以火攻。结果完颜亮遭遇大败，遂移军扬州。但完颜亮不甘失败，又准备从瓜州强行渡江，结果就在完颜亮下令渡江之日，有部将闯入其营帐将其射杀，同时遣使至镇江商讨议和，然后撤军北返。

完颜亮侵宋时，赵构非常紧张，他一方面发誓要到建康御驾亲征，另一方面在杭州吴山下修建了通玄观祈求三茅真君的保佑。采石之战的胜利与完颜亮的败亡对宋廷来说多少有些侥幸的

通玄观造像

色彩，此役以后，赵构再也不愿忍受战争的煎熬，索性将皇位传给继子赵昚，自己退居德寿宫开始认真地享受在杭州的休闲生活。今天采石矶古迹众多，作为李白卒地纪念场馆的太白楼已被列为全国重点文物保护单位，但采石之战的遗迹无从寻访。不过在杭州，不但吴山上有"吴山第一峰"摩崖，还有三茅宁寿观遗址以及山脚下的通玄观造像。

通玄观道教造像

通玄观造像在杭州市西湖景区吴山的紫阳山东麓，现在属于紫阳小学校园的一部分。紫阳小学在南宋太庙遗址的南侧，原为清代紫阳书院，校园清幽小巧有如盆景。通玄观造像是杭州唯一

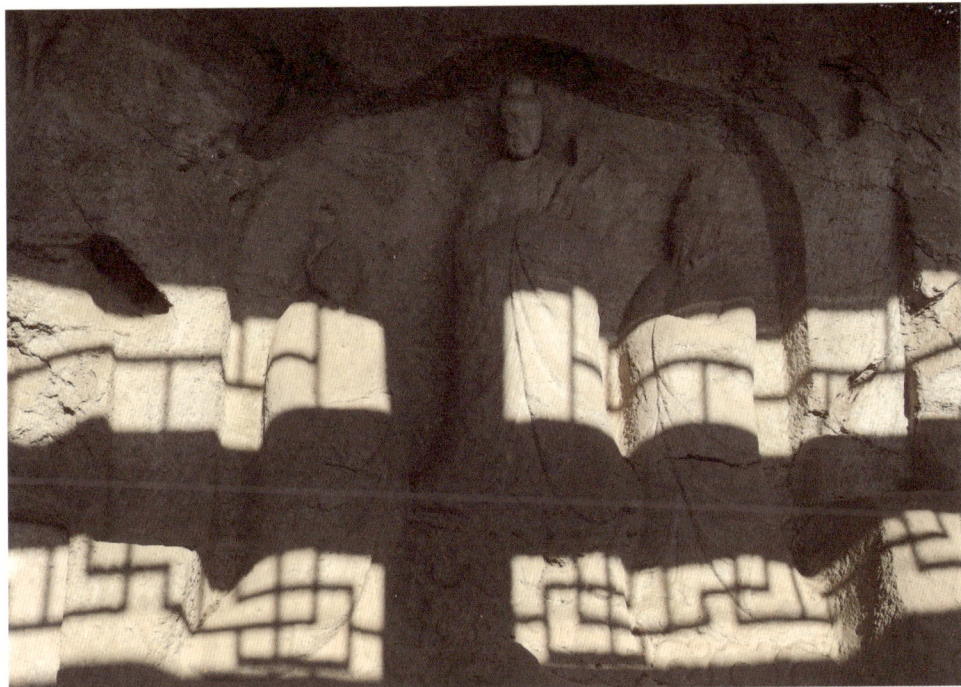

通玄观三茅真君造像

通玄观玉清元始天尊造像与题刻

通玄观徐法师像

通玄观白鹿造像

的道教造像，现列为浙江省重点文物保护单位，造像坐北朝南，长30米，高3.7米，自西向东，依次雕凿四龛6尊道教造像及南宋至明代的摩崖题记和碑11通。造像以三茅真君为中心，上侧有元始天尊，两侧是南宋的刘敖与明代的徐道彰两位道士。

三茅真君指茅盈、茅固、茅衷兄弟三人，传说是汉景帝时咸阳人，于句曲山修道成仙。三茅真君被茅山道教上清派奉为祖师，又传说太上老君拜三茅为司命、定箓、保生真君。造像中大茅真君高1.4米，身着道袍，执长柄如意，足踩祥云，中茅真君、小茅真君高1.2米，面部有所残损，旁边刻有"掌吴越司命三茅真君像"题记。元始天尊是道教信奉的最高天神，造像高0.86米，端坐仰莲座上，旁边题刻"玉清元始天尊像"。刘敖像也是一龛坐像，高0.8米，旁有题记"皇宋开山鹿泉刘真人像"。法师徐道彰像，在石刻最东侧，高0.9米，面目残损，题刻"大明重开山元一徐法师像"。造像岩壁上还有南宋刘敖撰《创建通玄观碑》《创建通玄观记》，高宗撰《宋高宗御制诗》，元吴全节撰《重修通玄观记》《俞行简诗文碑》等碑刻，风化漫漶较严重。鹿泉在造像下方，相传为刘敖所凿，有隶书"鹿泉"题额，康熙年间泉早已干涸，道士朱广基于泉右别蓄一泉，仍以鹿泉名之，也是清代"吴山十景"之一。

所有造像中，只有刘敖是南宋的历史人物。刘敖是宋高宗内侍，南宋绍兴二十九年（1159年）刘敖入道修真，梦见三茅真君骑着仙鹤驾至七宝山南边，于是在此建造一座道观，名通玄观，宋高宗还御书"通玄"二字榜之，并赐刘敖道号"能真"。南宋灭亡后，通玄观日渐衰败。元代道士俞行简曾重修道观，现碑刻尚存。此后又有明嘉靖年间法师徐道彰复修，他的造像应该刻于此时。清代道士朱闳绪也曾重修通玄观。通玄观中的竹林和鹿泉被列为"吴山十景"中的"瑶台万玉"和"鹿过曲水"，成为文人雅士流连雅集之所。通玄观及清代的紫阳书院毁于咸丰十一年（1861）的战火，只有原观内岩壁上的造像留存至今。

刘敖与三茅真君

通玄观的创建者刘敖的头衔是"左右街大都道录、少师、赐紫衣真人"，汪圣铎指出刘敖封官少师"是令人怀疑的，因为给道士加授少师这样的世俗高官宋代从未见到"，但刘敖的"少师"职衔无从证伪，只能说明他享有异乎寻常的政治地位。《两浙金石志》卷九收录刘敖的《创建通玄观碑》，刘敖自称入吴山宁寿观中修炼时，梦见三茅君变为仙鹤降临吴山，早晨向外一望果然有三只仙鹤。一年后又见仙鹤飞来，刘敖感念三茅君显灵，选好地址兴建道观以迎仙鹤。建好后刘敖向高宗请旨赐额，高宗御题"通玄"。

南宋时吴山上还有另一座奉祀三茅真君的宁寿观，也与内侍刘敖关系密切。杭州原来有一座唐代遗留的三茅堂，绍兴二十年（1150）高宗给三茅堂"赐宁寿观为额"，因为原来北宋开封的宁寿观也奉祀三茅真君，"三茅宁寿观，在七宝山，本三茅堂，绍兴二十年因东都旧名，赐观额"。为配合吴山景区三期整治工程，杭州市文物考古研究所曾于2008年对三茅宁寿观遗址进行考古清理，现今有一院子作为三茅观遗址景点向游客开放，不远处有明代重刻的"宋三茅宁寿观尚书省牒"摩崖。宋高宗崇奉道教，在杭州营建"御前十大宫观"，其中就包括宁寿观。高宗赐额时，还赐下汉鼎、唐钟、褚遂良小楷阴符经三件古器，相传皇家御赐共有"七宝"入藏，为七宝山名来源，足见三茅宁寿观在南宋时规格地位之高。元至元十八年（1281）宁寿观毁于火，明洪武初重建，于谦曾在三茅观内读书并写下著名的《石灰吟》。明清两代三茅观屡有修缮重建，抗战时毁弃。杭州市文物考古研究所曾于2008年对三茅观遗址进行了考古发掘与清理，现三茅观遗址上建有一座三茅堂，陈列考古发掘的器物和碑刻等文物。

　　宁寿观也由刘敖负责管理，陆游《行在宁寿观碑》称绍兴

通玄观刘敖造像与"皇宋开山鹿泉刘真人像"题刻

二十年（1150）高宗命道士蔡大象知观事，蒙守亮为副，又命中贵人刘敖典领。十年后刘敖请求弃官专奉宁寿观香火，高宗授其为左右街都道录，仍典领宁寿观。由于宁寿观与通玄观都由刘敖负责，汪圣铎先生甚至猜测"或是将宁寿观扩建为通玄观"，但事实上刘敖就是在绍兴二十九年（1159）先后典领宁寿观、创建通玄观，那么这个时间点究竟发生了什么，让高宗突然掀起了崇拜三茅真君的热潮，而此事与刘敖之间又能存在什么样的内在联系呢？

忆昔长江阻飓风

通玄观造像的刘敖像与元始天尊像之间有两段摩崖，其中一段为宋高宗赐刘能真御制诗三首。第一首讲道心，"辛勤三十载，羡尔道心淳"；第二首讲景致，第三首则追忆了高宗昔日南渡，"忆昔长江阻飓风，于今神马又成龙"，又提到"炎兴指日中原复，剩是茅君翊翼功"，给崇奉三茅真君赋予了政治意味。建炎三年（1129），金兵攻克扬州，高宗从瓜洲渡过长江，策马泅水，独自逃往镇江。从这个时间点来理解"忆昔长江阻飓风，于今神马又成龙"，就是指当年金人抵达扬州后无以渡江，"炎兴指日中原复，剩是茅君翊翼功"当指绍兴二十九年（1159）高宗得到完颜亮可能侵宋的情报，一度做出了驻跸江宁亲征北伐的姿态。问题是，"忆昔长江阻飓风"能与刘敖、通玄观、三茅真君发生什么关系呢？

这个问题，答案其实就写在陆游的《行在宁寿观碑》中。陆游讲"永惟我高宗皇帝，实与三茅君，自浑沌溟溱开辟之初，赤明龙汉浩劫之前，俱以愿力，应世济民"，又讲"祚中否开真人，以大誓愿济下民，左右虚皇友三真，坐令化国风俗淳"。"左右虚皇友三真"是讲宋高宗与三茅真君原为仙界的道友，他们在宇宙初开时就已经立下了"应世济民"的宏愿，宋高宗未下凡时在天界一同"翱翔太虚"的"三十六帝"中就有三茅真君。铭文中还

杭州吴山明代重刻宁寿观尚书省牒
【释文：尚书省牒：牒奉敕宜赐宁寿观为额，牒至准敕故牒。绍兴二十年六月日（尚书省印）牒。
签书枢密院事兼参知政事巫。参加政事余。太师尚书左仆射同中书门下平章事。】

有"乃营斯宫示宿因"一句，意思是宁寿观或通玄观的主要功能
就是为了宣示高宗与三茅真君作为仙侣道友的前世因缘。如果高
宗的三茅真君崇拜与建炎三年的扬州渡江有关，那么合理的解释
就是他渡江后又从镇江行至常州，途中理应经过茅山并向三茅真
君祈祷。联想到杭州的半山娘娘庙、崔府君庙都与高宗逃亡有关，
可以想象高宗曾在杭州为佑护他逃亡的神明与凡人系统建庙以感
恩祈祷，这就为宁寿观与通玄观的来历提供了合理的解释。至于
内侍刘敖，很可能是建炎三年在茅山附近遇见从镇江逃亡常州的
高宗，因在战乱中走投无路而选择净身入宫。以上的一系列猜想，
似乎可以解释杭州三茅宁寿观与通玄观的来历以及高宗的御制
诗、刘敖的飞黄腾达、陆游的碑记。同样重要的是，虽然经过了

茅山九宵万福宫

"吴山第一峰摩崖"题刻

靖康之难，在复杂的政局演变中高宗也已宣称"最爱元祐"而彻底否定了徽宗朝的政治路线，但陆游的《行在宁寿观碑》显示高宗并没有放弃其父徽宗的神仙皇帝的思想。只是由于政治文化的变迁，高宗不敢将这种思想大肆宣扬，只能通过一位内侍来构建自己的神仙身份。

至此，绍兴二十九年（1159）高宗突然"忆昔长江阻飓风，于今神马又成龙"并让刘敖典领宁寿观并创建通玄观，其历史背景也已非常明确。面对完颜亮的侵宋计划，被迫应战的宋高宗内心十分恐惧，担心三十年前仓皇逃亡的恶梦再次重演，所以只能暗自祈求曾经保护他逃出金军魔爪的三茅真君再次显灵。而这种内心的恐惧与道教崇拜的心理当然不能透露给三军将士与前朝士大夫，所以中贵人刘敖就成了为高宗操办这些事情的最佳人选。

附：刘敖《创建通玄观碑》

夫通玄观之肇创也，原敖卝角时，辄乃净厥身，遣厥欲，慕厥道，冀求真全玄氏之门，憾世弗容宥。进事内廷，固荷天渥，授以内侍官，锡食玉食，衣锦衣，掌宫禁，相玉宸，攸与富贵亦极矣。虽然，讵敖志哉！盖尝叹曰："富贵，岑通也；真全，身宝也。

脱羁富贵而匪求真全，是惜岑通而捐身宝者，敫宁弗致于审耶！"
因学观心养性，炼质守行，寻道机，穷道奥，真全企悟于豁然，
庶几玄元之妙有不昧于虚灵矣。于是道窃修于宫居，屡恳请于主
上，丐放山林，圆就心学。绍兴庚午，顶激皇衷，命出主吴山宁
寿观，手赐法名能真，给福牒，赉紫衣，暨七宝、倾田。所赏之隆，
悉归于观，供奉香灯济命。敫持坚养道，祝国永长，仲夏辞陛入山，
谨焚修，密守炼，功幸几圆，弗喜廷虑。己卯腊二日，敫夜坐甫
瞬间，梦三茅君偕跌胎禽，旋游山角，状若托于栖止。伺明旦瞻之，
果见三鹤。逾年是日，鹤复来翔。噫，敫之感于三茅君，验葛殊
甚也，遂仰鹤稽吁，矢构观迎。即期相地，剪莽斫荆。凿山平基，
运斤斫木，前创茅君之庭，后竖玉清之殿，筑谒斗台于乾维，立
放鹤亭于艮位。经房丹屋，起盖随宜，钵室山门，蔑一不备。工竣，
观罔额，特疏请沐，御题曰通玄，仍加玺书于左，焕耀玄宇。於
戏，观幸矣哉！额亦称矣哉！敫之心不亦惬意哉！且昔敫在内侍也，
寤寐之间，念念于道，故尝履富贵而厌处，谈真全而乐闻，是非
薄缘种植玄门，宿虑有在，以致求道而道得，适请而请从，弗拂
至诚而玉成心事也。不然，奚以效修炼而获悟，梦茅君化鹤哉！
又奚创观成而请疏，上通玄之题，沛自九重而光福地哉！是盖敫
秉初衷，道机感召，而应克若斯之神矣！通玄之造就，岂偶然哉。
工始庚辰之丑，讫程壬午之申，请额月弦而石壁襄于月望也。后
之嗣观者守之哉！皇宋绍兴三十二年龙集壬午七月中元日，奉敕
左右街大都道录少师赐紫衣真人法名能真鹿泉刘敫撰并书篆。

　　附：陆游《行在宁寿观碑》

　　绍兴二十年十月，诏赐行在三茅堂名曰"宁寿观"，因东都
三茅宁寿院之旧也。初，章圣皇帝建会灵观，实为崇奉之始。至
是，高宗皇帝方跻天下于仁寿之域，尤垂意焉。乃命道士蔡君大
象知观事，蒙君守亮副之。许其徒世守，又命中贵人刘君敫典领，
置吏胥，给清卫兵，略用大中、祥符故事。后十年，敫遂请弃官，

专奉宁寿香火，诏如所请，赐名"能真"，改左右街都道录，仍领观事，实又用至道中内侍洪正一故事。上心眷顾，每示优假如此。然迫今岁月寖久，未有纪之金石以侈上赐者。绍熙五年六月，知观事冲素大师邵君道俊始砻石来请某为文，传示后世。某实绍兴朝士，屡得对行殿，同时廷臣，零落殆尽，某适后死，获以草野之文，登载盛事，顾不幸钦！伏观宁寿观实居七宝山之麓，表里湖江，拱辅宫阙，前带驰道，后枕崇阜，尽得都邑之胜。广殿中峙，修廊外翼，云章宝室，签帙富丽，浩浩乎道山蓬莱之藏也。钟、经二楼，翚飞霄汉，飘飘乎化人中天之居也。金符象简，羽流毕集，进趋有容，肃恭斋法，济济乎茹灵芝饮沆瀣之众也。导以霓旌，节以玉磬，侍者翼从，以登讲席，琅琅乎彻九天震十方之音也。祐陵之御画，德寿、重华之宸翰，焕乎河洛之图书也。鸿钟大鼎，华盖宝剑，褚遂良、吴道子之遗迹，卓乎秘府之怪珍也。荣光异气，夜烛天半，所以扶卫社稷，安镇夷夏者，于是乎在，非他宫馆坛宇可得而比。永惟我高宗皇帝，实与三茅君，自浑沌溟涬开辟之初，赤明龙汉浩劫之前，俱以愿力，应世济民。虽时有古今，迹有显晦，其受命上帝以福天下，则合若符券。及夫风御上宾，威神在天，与三十六帝翱翔太虚，三茅君亦与焉。时临熙坛，顾享明荐，用敷佑于我圣子神孙，降福发祥，时万时亿，呜呼休哉！某既述观之所由兴，且系之以铭，曰：

炎祚中否开真人，以大誓愿济下民，左右虚皇友三真，坐令化国风俗淳。乃营斯宫示宿因，丹碧炅鈭天与邻，神君龙虎呵重闉，鲸钟横撞震无垠，锦旟宝盖高嶙峋，天华龙烛昼夜陈。历载九九符尧仁，超然脱屣侍帝晨，遗泽渗漉万宇均，岁丰兵偃无吟呻。咨尔众士严冠巾，以道之真治子身，服膺圣训常如新，冲霄往从龙车尘。

径山寺御碑：皇帝与僧人

　　完颜亮侵宋失败后，赵构以"倦勤"为名，于绍兴三十二年（1162）将皇位传给了养子赵眘。赵眘即宋孝宗，高宗退位为太上皇，吴皇后成为太上皇后。宋孝宗即位后积极准备北伐，为岳飞案彻底平反，罢逐秦桧党人，起用主战派人士。隆兴元年（1163）正月，宋孝宗任命史浩为右相，张浚为枢密院使、都督江淮东西路军马，负责用兵事宜。三月，金军统帅致书张浚，要求南宋遵守绍兴和议，归还采石之战前后被宋军攻占的淮北州府，并依旧每年纳贡银绢。赵眘以绍兴和议为耻，张浚提出北伐，史浩则主张防守。宋孝宗支持张浚，绕过三省与枢密院，直接授命张浚出兵北伐。张浚遣宋军分别自濠州（今安徽凤阳）、盱眙（今属江苏）渡淮北伐，连克灵璧、虹县、宿州等地。南宋君臣为之振奋，宋

径山寺宋孝宗御碑

孝宗下诏亲征。金朝派精兵进攻宿州，李显忠率部主动出击，与金军展开激烈战斗，双方伤亡万人以上，胜负相当。但邵宏渊耻居李显忠之下，未出兵救援，反而散布流言动摇军心。李显忠独力难支，率师后退，宋军很快崩溃。金军无力追击，宋军退守淮河一线。宿州旧称"符离"，此战史称"符离之战"。符离之战后，宋金重新和议，形成了维持约40年的"隆兴和议"。

宋孝宗赵昚是南宋历史上比较有为的君主，历史上有"孝宗中兴"之说法。而他坚定的抗金立场，在继位前与余杭径山寺宗杲禅师的交往中已经有充分的展现。

临济宗祖庭

径山位于今天杭州市余杭区径山镇，因径通天目得名。山以五峰闻名，主峰曰凌霄峰，前有堆珠峰，北有大人峰，右有鹏搏峰，左有宴坐峰、朝阳峰，五峰罗列，奇巧幽邃。径山禅寺始建于唐天宝四年（745），兴于唐而盛于宋。据说唐代牛头宗禅师鹤林玄素（668—752）布道弘教，告诫弟子法钦（714—792）"遇径即止"，所以法钦云游至径山，便在山顶结草为庵，相从参学者日众，德誉远闻。唐大历三年（768），法钦奉诏入京，被唐代宗赐号"国一大师"。次年法钦回到径山，唐代宗下旨于其庵址建寺，法钦成为径山寺的开山鼻祖。此后径山寺于唐僖宗乾符六年（879）改为"乾符镇国院"，宋真宗大中祥符年间改为"承天禅院"，宋徽宗政和七年(1117)改为"能仁禅院"，宋孝宗时期改为"兴圣万寿禅寺"并沿用至明清。径山寺在北宋时就十分闻名，苏轼在杭州任职期间曾四次到访径山，留下《游径山》诗九首，现径山仍有"东坡洗砚池"遗址。苏轼还在径山寺推行制度改革，将住持由"自传制"改为"十方选贤制"，即寺院住持不一定由本寺僧人担任，有德高僧均可担任，众僧人亦可罢免住持。

唐末五代，禅宗一花开五叶，形成沩仰、临济、曹洞、云门、法眼五大宗派，并在两宋以后成为中国佛教的主流，其中临济宗又是禅宗的主脉，法钦的牛头宗又从属于临济宗。南宋以来，宋廷推崇临济宗，径山寺成为临济宗重要道场。南宋创设官寺制度，由所谓的"五山十刹"管理着天下的寺院，新建寺院只能是它们的分支，其中"五山"是指径山寺、灵隐寺、净慈寺、天童寺、阿育王寺。径山寺被列为禅宗东南"五山十刹"之首，由此成为"东南第一禅院"，被海内外佛徒奉为"临济宗"祖庭，历代帝王显贵、诗人墨客、求法僧人纷至沓来。

径山寺观音像

　　径山寺屡毁屡建。在唐武宗灭佛、宋宁宗朝火灾、宋理宗朝两次火灾、元世祖朝两次火灾、元惠宗朝兵灾及清代、民国的两次火灾中，径山寺经历了近十次的圮毁。1933年径山寺再次重建大殿时"所复原远非旧观"，原有明朝时正德十六房大多已不复存在，1943年前后只剩下妙喜、梅谷、松沅三房。1949年后，径山万寿禅寺因年久失修逐渐衰败，"文革"时期几乎被破坏殆尽。"文革"结束后，当地政府为保护永乐大钟曾造过钟楼，并将三尊铁佛和"历代祖师名衔"石碑供于钟楼。但钟楼于1991年失火被毁，至此径山寺的地面文物仅剩含晖亭（当时也是亭废碑）的宋孝宗御碑。径山寺的再次复兴始于1985年，这年5月余杭县政协邀请各方就开发径山问题进行考察，此后以重建径山寺为依托开发径山旅游事业的计划终于提上议程。1989年7月浙江省政府复函杭州市政府，"同意修复开放余杭径山万寿寺，作为宗教活动场所，其修复资金由佛教界自筹"，此后径山寺于1991至1993年陆续重建。

径山寺在佛教史、政治史、中日交流史上都有重要地位，径山禅茶更是一绝。不过如果只是寻常游历，重建后的径山寺最引人注目的可能是那座别致的、漫画风格的大型露天观音铜像。台湾地区有一位著名的、广受欢迎的漫画家蔡志忠颇有佛缘，2020年11月他在少林寺剃度出家，而早在2015年蔡志忠曾在径山寺禅堂有过一次交流座谈。不知是不是这次因缘让蔡志忠的信仰由天主教转向佛教，但一眼便知径山寺观音像的设计出自蔡志忠的手笔，网上的旅游攻略就说"他很好地将观音的自在与慈悲从神情之中表现出来"。

径山吃茶宴

临济宗主张"修行"与现实生活密切相关，在日常生活中参禅修得成佛。唐兴元元年（784）怀海禅师（720—814）制定的《禅苑清规》明确提出"一日不作，一日不食"，要求僧众参加劳动。传说径山茶的肇始就是法钦开山时就亲手种茶供佛，"钦师尝手植茶树数株，采以供佛，逾年蔓延山谷，其味鲜芳，特异他产，今径山茶是也"。唐禅僧洪諲于咸通七年（866）接任径山寺住持后，秉承其师沩仰宗初祖灵祐倡导的"农禅并举"之宗风，在径山寺率众种茶，成为浙东寺院茶业生产的开端。径山岭峰高处多雾，峰谷山坡土质肥沃，所产径山毛峰茶外形细嫩有毫，色泽绿翠，香气清馥。"茶圣"陆羽曾慕名而至，在径山脚下隐居，植茶、制茶、研茶，著写《茶经》。

中唐以后，随着佛教中国化和禅宗风行，茶与禅的关系进一步密切，寺院种茶、吃茶不仅是经济活动，也成为一种文化活动，"茶宴"进入僧侣生活，吃茶被列入《禅门清规》。到了宋朝，随着种茶区域的不断扩张，制茶程序的改变，吃茶的方式也随之转变，茶宴之风在禅林及士林盛行。寺内举行茶宴，饮茶论佛，已经逐渐演化成一套具有固定模式的程序，其中包括"献茗""闻香""观色""品味""论茶""交谈"等，后人称之为"径山茶宴"。宋代朝廷曾多次借径山寺举办茶宴招待显贵，苏轼、陆游、范成大等文化名流也都慕名到径山寺参佛品茶。

南宋至明末，中国赴日弘法的僧侣有45人，其中属"径山派"三传以内的弟子有27人。日僧来华求法的有443人，其中史册留名的129人，而这129人中大部分到过径山寺，或参禅、或求教、或住学，住学时间最长的达九年。其中，嗣法于径山祖师的有11人，嗣法于"径山派"三传以内弟子的有41人。这些嗣法的日僧中，就有将"径山茶宴"东传日本的圆尔辨圆和对"日本茶道"影响巨大的南浦绍明。圆尔辨圆于南宋端平二年（1235）来到中国明州（今宁波）求法，次年赴径山寺，拜当时的佛教界泰斗无准师范为师。南宋淳祐元年（1241），他回国弘法，先后在今天的福冈和京都，开创了崇福寺、承天寺和东福寺，在日本积极弘扬禅法、传播中国文化以及"径山茶宴"。他还将从径山带去的茶籽进行播种，又仿径山茶制作方法，从而创造了日本"抹茶"，成为静冈茶的始祖。南浦绍明于南宋开庆元年（1259）来到中国，拜杭州净慈寺虚堂智愚（1185—1269）为师。南宋咸淳元年（1265），虚堂智愚奉命主持径山寺，他随师上山。在径山寺期间，他不仅勤修佛法，还认真学习种茶、制茶技术以及茶宴礼仪。据说他归

径山寺山门（2022年摄）

径山寺山门（2015年摄）

国时从径山寺带走7部茶典，同时带走茶台子、茶道具等，并在现在的福冈崇福寺仿径山寺举行茶宴，从而开创"日本茶道"。

正因为径山寺与日本佛教、茶道如此深厚的渊源，1990年5月30日径山寺修复工程奠基仪式在风雨中举行时，参加奠基仪式的除各界领导之外，还有来自日本的由"日中友好临济、黄檗协会"等方面39人组成的代表团。

御碑的问题

径山古道旁，含晖亭内有一宋孝宗御碑，上有孝宗亲笔御题"径山兴圣万寿禅寺"八个楷书大字。碑石材质为太湖石，由碑额、碑身、碑座三部分组成。碑体通高5.3米，碑身3.26米，宽1.34米，厚约0.4米。御碑的背面刻有南宋嘉泰三年（1203）翰林学士楼钥撰写的《重修径山兴圣万寿禅寺之记》，其中记述高宗及其生母韦太后（显仁皇后）都曾游幸径山寺。

然而孝宗御碑究竟何时刻石，这个问题并没有弄清楚。楼钥的这篇碑记其实是"孝宗皇帝书'兴圣万寿禅寺'"的唯一史源，其他宋代官方史书只并没有记载孝宗赐额或御碑刻石的相关记载。宋孝宗的书法至今多有留存，包括非常著名的韩世忠神道碑（万字碑）的碑题"中兴佐命定国元勋之碑"十字正书，十字居中又有"选德殿书"四字正书，并有"御书之宝"印玺。《宋史·舆服志》记载，选德殿是孝宗创设的射殿的殿名。孝宗一心想恢复中原，作为射殿的"选德殿"在他政治生涯中占据着十分重要的地位，并以"选德殿"作为他御书的落款。所以"选德殿"是鉴定孝宗书画的最直接依据，著名鉴定家徐邦达即以"钤朱文'选德殿书'一玺，长方形"为由确定"春云初起拂青林，冉冉因风度碧岑。既解从龙作霖雨，油然出岫岂无心"方幅纸本七言绝名行楷一页为孝宗书，并以"书法与此一致"为由，确定美国大都会艺术博物馆藏《渔父诗团扇》"为孝宗手笔"，此前该画一直被定名为"宋高宗团扇书册"。但是宋孝宗御题的"径山兴圣万寿禅寺"就没有"选德殿书"的落款，所以就有几分可疑。而且宋代文献并没有记载孝宗游幸径山寺及御书寺额的具体时间，倒是明代《成化杭州府志》载：

> 乾道二年二月，孝宗游幸。越二年，建龙游阁。开禧年间，孝宗御书额赐径山兴圣万寿禅寺。

但"开禧"是宋宁宗的第三个年号，开禧元年（1205）宋孝宗已经去世十余年，楼钥的《径山兴圣万寿禅寺记》撰写于嘉泰三年（1203），也不可能述及开禧年间的"孝宗皇帝书'兴圣万寿禅寺'"之事。所以这条记载非但没有解决问题，反而让问题变得更加复杂。

《成化杭州府志》记述的孝宗御书赐额时间如果不是完全错讹，唯一的可能就是"开禧年间，孝宗御书额赐径山兴圣万寿禅寺"一语中的"径山兴圣万寿禅寺"只是赐额对象而非御书内容，即开禧年间只是将孝宗生前的御书特赐给径山寺，孝宗御书时间仍

楼钥《重修径山兴圣万寿禅寺之记》碑额

楼钥《重修径山兴圣万寿禅寺之记》碑

然是一个谜团。这样的话，孝宗御碑暨楼钥《径山兴圣万寿禅寺记》的刻石时间也被推迟至开禧年间而非楼钥撰寺记的嘉泰三年。由此可以形成一些推测：孝宗虽然曾经御书径山寺额，但并没有赐予径山寺，因此既没有留下"选德殿书"的落款，而且甚少有人知道此事。但楼钥在《径山兴圣万寿禅寺记》中提及此事，径山寺于是请求朝廷恩赐御书并与楼钥寺记一并刻石，这才形成了今天所见御碑阳面御书、阴面寺记的形态。至于开禧年间宋廷最终赐御书于径山寺，或许跟韩侂胄准备北伐有所关系，毕竟径山寺第十三代祖师宗杲因为主战立场而与宋孝宗结下很深的因缘。

孝宗与宗杲

孝宗与宗杲结缘是在他即位以前。径山寺第十三代祖师"佛日大慧禅师"宗杲曾两度住持径山，与南宋政治关系颇深。宗杲自绍兴七年（1137）住径山寺，绍兴十一年（1141）张九成因力主抗金而被秦桧远贬，作为张九成挚友的宗杲也被"诏毁僧牒，编置衡州"，绍兴二十年（1150）再贬梅州。绍兴二十五年（1155）秦桧病死，宗杲重获人身自由，住明州（今宁波）阿育王寺。绍兴二十六年（1156），宗杲被重新召回径山。绍兴二十七年（1157年）张浚向宋高宗推荐宗杲为径山寺住持。

当时还是普安郡王的孝宗就派遣内都监拜谒过宗杲禅师。宗杲写了一首偈子献给普安郡王：

> 大根大器大力量，荷担大事不寻常。一毛头上通消
> 息，遍界明明不覆藏。

绍兴三十年（1160）孝宗被立为皇子，似乎可以理解为宗杲的偈语"荷担大事"应验，这时作为皇储的孝宗又请宗杲禅师说法。绍兴三十一年（1161）海陵王完颜亮侵宋，战后宋高宗决意

径山寺佛殿

退位，这时孝宗又曾向宗杲请教。孝宗即位不久，就于隆兴元年（1163）登径山亲自拜访宗杲，并赐号"大慧禅师"。宗杲圆寂后，孝宗作偈语赞誉宗杲修行深厚。所以宗杲是强烈支持孝宗继位以及抗金的宗教界人士，孝宗最初遣内都监入山及宗杲献偈很可能是为了占卜政治前程。

宋孝宗原名赵伯琮，是赵匡胤次子赵德芳的六世孙。赵构独子夭折，宋朝皇室多数被掳，朝野又盛传报应之说认为是宋太祖的皇位为太宗所夺，太祖子孙"仅同民庶"，所以"艺祖（太祖）在上，莫肯顾歆"，以致北宋为金所灭，南宋政权也朝不保夕。所以高宗应该将皇位还传给太祖后裔，这在当时是很多人的共识。

绍兴二年（1132），宋高宗选宋太祖后裔赵伯琮、赵伯浩养于宫中，五月间，又选定赵伯琮由婕妤张氏抚养，但未确认为皇子，实际上仍期望自己生子。从被领养到即皇帝位，赵伯琮等了整整三十年，他的继位之路并不平坦，一直都提心吊胆。绍兴三年（1133）二月，赵伯琮赐名瑗，初除和州防御使。宋高宗的宠妃吴氏（吴皇后）也请育一子，不久5岁的宋太祖后裔赵伯玖由吴氏抚养。绍兴六年（1136）赵伯玖赐名璩，初除也是和州防御使，引起了大臣们的不安。不知道是不是因为赵伯琮主张抗金，主张议和的秦桧支持赵璩而反对赵瑗，秦桧独相后的绍兴九年（1139），赵璩进为保大军节度使、封崇国公，地位和礼遇又与赵瑗相等。

而抗金名将岳飞自然支持赵瑗，据说岳飞认为"中兴基本，其在是乎"，并向宋高宗秘密奏请立赵瑗为皇子。宋高宗回复说"卿虽忠，然握重兵于外，此事非卿所当与也"，一般认为岳飞参与立储是他后来遇害的原因之一。绍兴十二年（1142）二月，养育赵瑗的张氏去世，赵瑗也归吴氏抚养。绍兴三十年（1160）二月，在金宋战争迫在眉睫的形势下，收养30年的赵瑗终于被确立了皇子也即皇储的地位。

孝宗与宗杲交往，可以理解为在继位与抗金两方向寻求佛教界的支持。宋王室与儒释道三教的关系非常复杂，但在释道两者之间明显更偏重道教，真、徽二宗差不多将北宋建成了道教王朝，宋高宗也自称是三茅真君的神仙朋友。但正如汪圣铎指出，"宋孝宗是宋朝皇帝中唯一尊佛胜过崇道者"，联系宋太祖在后周世宗毁佛后恢复佛教并有定光佛转世的传说，孝宗尊佛可能与他是赵匡胤后裔有一定关系。淳熙八年（1181），宋孝宗还御撰《原道辨》直接批驳韩愈的《原道》，似乎表现出他对当时政治能量越来越大的理学集团的抵触心理。

附：楼钥《重修径山兴圣万寿禅寺之记》

径山，天下奇处也。由双径而上，至高绝之地，五峰巉然。中本龙湫，化为宝所，国一禅师开山于天宝之初，特为伟异。天作地藏，待斯人而后发。道成名震，召归长安。代宗为之执弟子礼，将相不得与大丈夫事。继之以无上，又继之以法济，坐镇群魔，刀斫禅床而色不动。识钱武肃王于微时，故吴越累世崇奉尤谨。皇朝至道中，太宗皇帝赐以御书并佛骨舍利。元祐五年，内翰苏公知杭州，革为十方祖，印悟公为第一代住持。绍兴七年，大慧禅师来主法席，衲子云集，至千七百众。末年南归，重来跆而复振，人境相与映发，道俗趋仰，龙神亦随指麾而定。显仁皇后在慈宁宫、高宗皇帝在德寿宫时，皆尝游幸，就书"龙游阁"匾榜。孝宗皇帝书"兴圣万寿禅寺"，又赐以《圆觉经解》，天下丛林拱称第一。大慧以来，名德继起，神龙灵响素着，国家民庶有祷辄应，累封神应德济显祐广泽王，庙为灵泽，且有玉圭、玉带、黄金瓶炉、祭器之赐，其盛极矣。然而废兴有数，不可豫知。国一之后，以会昌沙汰而废。咸通间无上兴之，又后八十余年，庆赏始以感梦起废，为屋三百楹，剪去樗栎，手植杉桧，不知其几。今之参天合抱之木，皆是也。蒙庵禅师元聪以庆元三年自福之雪峰被旨而来，道誉隆洽，不愧前人。五年仲冬，行化浙西，而回禄挺灾，烈风佐之，延燔栋宇，一昔而尽。异哉！人皆以为四百年积累之业一旦扫地，有能兴之，非磨以岁月未易就也。

先是，寺基局于五峰之间，又规模不出一手，虽为屋甚夥，高下奢俭各随其时，因陋就简亦复有之。众为之请曰："大慧无恙时，岂不能撤而更之？顾其势未可。兹焉火起龙堂，瞬息埃灭，岂龙神欲一新之乎？况祖师之像，出于烈焰而不毁，开山之庵四面焦灼而茅不伤。师与国一俱姓朱氏，或疑以为后身。北移酱坛，涌泉成井。今日安知暂废而当复大兴邪？"聪曰："有是哉！微我谁当为之。"乃出衣盂为之倡率，学徒元韶、可达等所在缘化，两宫加以锡赉，施者闻风日集，动以万计。又命南悟等广募闽、浙、江东西良工，伐木于山，日役千辈，斤斧之声震动山谷。凡食于山者，无问比丘、优婆塞，相与劝勉，智者献谋，壮者出力，夙夜经营，不翅己私。开拓旧址，首于东偏为龙王殿，以严香火之奉。继为香积厨，以给伊蒲之馔。延湖海大众，则有云堂；供水陆大斋，则列西庑。此皆一日不可缓，寺之所以立也。宝殿中峙，号"普光明"。长廊楼观外接三门，门临双径，驾五凤楼九间，奉安五百应真，翼以行道。阁列诸天五十三善知识，仍造千僧阁以补山之阙处。前耸百尺之楼，以安洪钟。下为观音殿，而以其东西序度《毗卢》《大藏》经函。凿山之东北以广库堂，辇其土石，置后山巨壑中。开毗那方丈于法堂之上，复层其屋，以尊阁思陵宸翰御榻。修复妙喜塔亭，仍建蒙庵于明月池上。为香水海以沐浴，为天慧堂以选僧。禅房客馆，内外周备。像设雄尊，金碧璀璨。

法器什物，所宜有者，纤悉必具，不可胜书。盖其百工竞起，众志孚应，经始于六年之春，成于嘉泰改元之夏，阅月才十余，而变瓦砾之区为大宝坊。始者荡废于一弹指顷，若甚惨矣。及其兴之神速，则高掩前古，而又雄壮杰特，绝过于旧。按图而作，井井有条。云栋雪脊，翚飞层叠，迥出于烟霏空翠之表。春秋二会，来者益众，奔辏瞻仰，如见化城。惊惧踊跃，称未曾有。径山于是乎大振矣。

余尝登含晖之亭，如踏半空，左眺云海，视日初出。前望都城，自西湖、浙江以至越山，历历如指诸掌，真绝景也。为别峰宝印赋诗，有"百万杉松双径杳，三千楼阁五峰寒"之句。印为之抚掌，且曰："山中之景，几无余蕴矣。"是时新创大阁，丹雘未施，上下一色，如凝霜雪，涉二十年，犹属梦境。今则土木之盛，何止十倍，恨未能一寓目也。聪忽以书相寻于寂寞之滨，属以记文，遣僧契日携书来见，备道始末。辞之曰："年侵学落，笔力随衰。子之师，愿力宏深，成如许大佛事，不求于重望雄文之士，而为此来，何其舛邪！"求之再三。拙庵又助之请，遂麋括其语，为之大书，且告之曰：大慧千僧阁之成，一时称为盛举，善乎！李资政之记以谓："在杲公何足道，而循袭龌龊者以为奇特，不亦陋甚矣哉！"聪之为此，初岂有意于兴作者，因郁攸之奇变，偶人情之响答，上资国力，广集喜舍，时节因缘，有相之道，以济登兹。是固不可不记以传远，然于师何有哉？矧国一之初，本无可传之法，其后瞻礼之众倾于亿兆，财施之广盈于千万，视之如幻，等之如空，居惟一室，室惟一床，布褐陶匏，澣衣粝食，其视宠荣震耀何如也？聪方以此道行，而余欲以言语赞叹有为功德，多言益足为赘。是故言尽于此，师其以为然乎？

六和塔：宰相辞官

六和塔位于浙江省杭州市西湖区之江路16号、钱塘江大桥的北侧，是中国现存最完好的砖木结构古塔之一，岳王庙以外杭州第二处第一批全国重点文物保护单位。现存六和塔砖砌塔心为南宋重建，外层木结构建筑则是清代建筑。六和塔原是吴越国王为镇江潮而兴建，但在南宋时也见证了一些重大的政治事件。绍熙四年（1193）四月，当朝宰相留正突然自行至六和塔待罪，起因是他坚决反对光宗将近习姜特立召回朝中，这时光宗拒绝朝见孝宗太上皇的"过宫风波"已经爆发。再过一年，光宗就在绍熙政变中被逼退位，而留正为了避祸，竟

杭州六和塔

然佯装跌倒在地足伤而奏请致仕，并不待批复即乘肩舆出城以逃避。留正是泉州人，从临安府出发回泉州理论上应该走钱塘江的水路，而六和塔是出城之后前往渡津的必经之地。

鲁智深坐化

六和塔始建于宋开宝三年（970），吴越王钱弘俶听从延寿、赞宁两禅师建议，舍出钱塘江畔的南果园建九级高塔以镇江潮。杭州位于钱塘江下游北岸，濒临杭州湾，海水江潮冲击堤岸，沿江庄稼房屋时常被淹。吴越国国王钱弘俶征集大量民工修造了百余里长的钱塘江海塘，在一定程度上减轻了江潮的危害。吴越国笃信佛教，因此建佛塔以镇江潮，但六和塔建成后，仅在两宋的300多年中，钱塘江发生的破坏严重的大潮灾难就达17次之多。因塔身宏伟高耸，矗立钱塘江畔，六和塔的导航功能更加显著一些。

六和塔原本是座九层木塔，这是江南一带少有的高塔。自建成以后，由于兵火不断，塔身屡遭破坏。现存六和塔七层砖结构内塔重建于南宋绍兴二十六年（1156），木廊外檐则是清光绪二十六年（1900）改建，是一座双套筒式砖木结构楼阁式佛塔，砖塔基本格局及须弥座砖雕均与宋代《营造法式》吻合，印证了唐宋之际东南沿海中国佛塔由四边形到八边形、由单筒体向双筒体结构的演变历程。

现存六和塔内塔虽为南宋遗存，但其第七层为元代重修，塔刹也是元统二年（1334）重铸之遗物。砖塔按仿木结构形式砌筑，塔内有阶梯可盘旋而上直达顶层。塔身每层有外墙、回廊、内墙和方形塔心小室四部分，每层方形中心塔室用斗拱承托藻井，室内施各式彩绘。每层塔墙四面辟门，通达木檐外廊。六和塔所有壶门均线条流畅，是南宋时期典型做法。门道两侧有壁龛，龛下设须弥座，塔室外墙回廊间也设壁龛和须弥座。六和塔中有须弥座砖雕约200处，雕刻花卉、飞禽走兽、飞仙、迦陵频伽与乐伎等图案，砖雕制作精良，富于装饰效果。塔内回廊，底层宽1.93米，壁龛嵌有南宋《四十二章经》石刻及尚书省牒碑，北面有明朝线刻真武画像碑，第三层则有《金刚般若波罗密经》刻石嵌于壁间。

六和塔还因三位梁山好汉的传说而闻名。《水浒传》第一百十九回《鲁智深浙江坐化 宋公明衣锦还乡》记述梁山好汉镇压方腊后回到杭州，"宋先锋且屯兵在六和塔驻扎，诸将都在六和寺安歇"，"鲁智深自与武松在寺中一处歇马听候，看见城外江山秀丽，景物非常，心中欢喜。是夜月白风清，水天共碧，二人正在僧房里睡至半夜，忽听得江上潮声雷响。鲁智深是关西汉子，不曾省得浙江潮信，只道是战鼓响，贼人生发，跳将起来，摸了禅杖，大喝着便抢出来"。得知震天声响其实是潮信，鲁智深记起五台山智真长者"听潮而圆，见信而寂"的偈子，自知"俺既

六和塔飞天须弥座

然逢潮信，合当圆寂"，当夜即在六和寺坐化。后来林冲也在六和寺病死，武松在六和寺出家，直到八十岁善终。但据方志记载，六和塔已于宣和三年（1121）毁于方腊兵火，不过六和塔在南宋确实是观潮胜地。

开化寺赐额

南宋绍兴二十二年（1152）十一月二十五日，由于钱塘江堤屡修屡坏，江流失道，潮水泛滥成灾，吏部尚书林大鼐上言请求设置专门机构负责修缮养护堤防，同时修葺久已焚毁的六和塔，"或者以谓，钱塘之潮应有神物主之，葺庙貌建浮屠，付之有司"。绍兴二十六年（1156），法相宗僧人智昙自告奋勇募捐修塔，"愿以身任其劳，不以丝毫出于官"。智昙倾尽所有的财物，历经艰险四处化缘，历时十年重建六和塔与开化寺，改吴越国初建的九层塔为现存的七层砖塔，所以现在六和塔院内塑有一尊智昙大师铜像。

六和塔塔底面有宋隆兴二年（1164）敕赐开化寺尚书省牒碑，高2.53米，宽1.14米，厚0.25米。碑额隶书"敕赐开化之寺"六字，以下分为三栏。第一栏为开化寺主持智昙陈情（牒文小楷），记述了重建六和塔、开化寺的原因，重建、落成的时间，塔建成后的功效，并请求赐予寺额。第二栏为主事官员押印，包括同签书枢密院事兼权参知政事虞允文、签书枢密院事兼权参知政事钱端礼、少保尚书左仆射同中书门下平章事陈康伯。第三栏是尚书省牒批复的开化

开化寺遗址

智昙大师铜像　　　　　六和塔尚书省牒　　　　六和塔乾隆御碑

寺与智昙自筹资金修塔并请求蠲免开化寺科敷的两件奏状。第四栏是临安府照会钱塘、仁和两县配合修塔等事务的帖文。在这件尚书省牒中，朝廷并没有同意减免开化寺田税的请求。开化寺僧不甘心，十余年后仍以镇潮为功要求内降给赐所置田产仍免科徭，结果被中书舍人驳斥，指六和塔重修之后江潮依旧吞噬江岸，并无镇潮之功，并斥责寺僧违法置田，"僧寺既违法置田，又移科徭于民，奈何许之！况自修塔之后，潮果不啮岸乎"。

　　乾隆皇帝下江南时开化寺仍然完好，景区内现存乾隆御碑《开化寺六和塔记》记述六和塔的兴衰变迁和乾隆游览钱塘的感观。乾隆还为六和塔每层题字"初地坚固、二谛俱融、三明净域、四天宝纲、五云覆盖、六鳌负载、七宝庄严"。此外，塔前有石牌坊题额"净宇江天"，据称也是乾隆御笔。

　　现存六和塔外部檐廊木构则是光绪二十六年（1900）杭州人朱智出资重修，外檐13层，其中有7层与砖塔相通，6层封闭，形成7明6暗的格局，通高59.89米，呈八角形，塔外各层檐角挂有104只铁铃。民国年间，开化寺已逐渐败落。1935年，建筑大师梁思成发表《杭州六和塔复原状计划》，他批评光绪年间扩建外沿的做法，认为破坏了六和塔原来苗条的风貌，并制作了复原

增建木塔之前的六和塔

梁思成六和塔复原状设计稿

南宋时期六和塔的设计与重修计划。可惜随着抗战的全面爆发，梁思成的设计图纸并未被付诸实践。

待罪六和塔

《梦粱录》记载，"龙山渡，在六和塔开化寺山下，对渔浦"，南宋官员从南方往还临安，一般出嘉会门经六和塔至龙山渡走水路。绍熙四年（1193）四月，宰相留正上书反对光宗召近幸姜特立回朝。光宗不予理睬，留正便以辞官表示抗议，并直接出城门待罪于六和塔，还指责光宗不听进谏，"陛下近年，不知何人献把定之说，遂至每事坚执，断不可回……臣恐自此以往，事无是非，陛下壹持把定之说，言路遂塞"。但光宗既没有治罪留正，也没有收回成命，反而公开宣扬对姜特立的特别照顾，"朕闵其旧臣，无辜而去，特与书行"。留正不甘屈服，上书宣示与姜特立誓不两立，"臣与特立理难并立于朝"，要求"乞早赐处分"。光宗仍然不予理睬，批示请留正自便，"成命已行，朕无反汗，卿宜自处"。留正待罪六和塔事件，几乎标志着光宗与外朝士大夫的决裂。继留正上书之后，秘书省著作郎沈有开、秘书郎彭龟年等一众道学党官员也纷纷上书抵制光宗任用近习，为此双方僵持了五个月，

杭州三廊庙公交车站

六和塔外钱塘江大桥

留正在城外待罪一百四十天才被光宗召回。

这时南宋真正的政治危机不是姜特立的任命问题。光宗因为立嗣问题与太上皇孝宗发生严重冲突，以致光宗拒绝到重华宫看望父亲，任凭大臣们苦谏不为所动，史称"过宫风波"。过宫风波愈演愈烈，绍熙五年（1194）六月，太上皇孝宗去世，作为孝子的光宗拒绝出面主丧，宰相留正与知枢密院事赵汝愚率群臣泣谏，撕裂光宗衣裾也无济于事。无奈之际，宋廷托言光宗有疾在内宫服丧，请年高八十的高宗皇后吴氏代行祭奠礼。这时宰相留正又请光宗立其子赵扩为皇太子并由太子监国，开始获得允准，但后来又传出了更加模棱两可的信息，让留正深感恐惧，便借口足伤擅自离朝。此后太皇太后吴氏与韩侂胄、赵汝愚联手在重华宫发动政变，立皇子赵扩为皇帝，并宣布光宗退位为太上皇，史称"绍熙政变"。

宁宗继位后，宗室大臣赵汝愚为了巩固自己的政治势力，召道学党魁朱熹入朝。这时的朱熹早已名满天下，他抵达六和塔时，叶适等永嘉学派的重要官员纷纷前去迎接相会，并商议朝中的对策，"及至六和塔，永嘉诸贤俱集，各陈所欲施行之策，纷然不决"，结果朱熹在朝仅46日便黯然离去。

当然六和塔不是南宋官员在钱塘江边迎来送往的唯一地点。宋末元初的艾性夫有诗云："国门西出小徘徊，中使传宣遽勒回。南渡山河天一角，不知待罪合谁来。"这首七绝题为《六和塔、浙江亭、庙山皆宰执待罪之所，并作一绝》。浙江亭就是唐代的樟亭驿，唐宋时这里是也观潮胜地，位置在南宋的候潮门、公廊庙一带，今天杭州仍有候潮门、三廊庙的地名。

附：六和塔尚书省牒

尚书省牒

月轮山六和塔开化寺住持讲唯识因明等论僧智昙状。切念开化寺旧有六和塔一座，永镇江潮。后缘方贼烧毁，片瓦不存。遂致江潮泛涨，居民不安，舟揖失利。绍兴二十二年十一月内臣寮上言，三省同奉圣旨，塔庙令礼部看详兴工，令临安府转运司同共措置。后于绍兴二十六年智昙蒙临安府给帖住持修建，且智昙不愿申请官中钱物、材料、木植，并是自己衣钵并教化檀越乐施钱物，今来已建七层，院宇百间，将欲成就。委是，江潮平善，舟楫无虞。切缘开化寺元有敕黄文字，昔缘兵火烧毁不存。欲望特赐给降敕黄付智昙住持。伏候指挥。

牒奉敕，宜赐开化寺为额，牒至，准敕故牒。

隆兴二年十二月（尚书省印）日牒

同签书枢密院事兼权参知政事虞

签书枢密院事兼权参知政事钱

少保尚书左仆射同中书门下平章事

月轮山六和塔住持讲因唯识等论僧智昙状，伏睹临安府开化寺六和塔开宝四年请□□□□建斯塔，以镇压江潮。后因方腊烧毁，片瓦不存。遂致江潮汹涌，舟揖失利。于绍兴二十二年十一月内奉圣旨，塔庙令礼部看详兴工，令临安府转运司同措置。至绍兴二十六年内，蒙临安府委官劝请智昙住持修建。当时不愿申请官中钱物，并是智昙用自己衣钵教化钱物建置。今来宝塔垂成在即，委是江潮平善，舟楫无虞。欲望与本寺蠲免日后措借科敷及指占安泊。伏候指挥。七月一十六日奉圣旨特依。

右札付开化寺。

乾道元年七月（尚书省印）

月轮山六和塔开化寺主持讲唯识因明等论僧智昙状，切念开化寺旧有六和塔一座，永镇江潮。后缘方贼烧毁，片瓦不存。遂致江潮泛涨，居民不安，舟揖失利。于绍兴二十二年十一月内臣寮上言，三省同奉圣旨，塔庙令礼部看详兴工，令临安府转运司同共措置。后于绍兴二十六年，智昙蒙临安府给帖住持修建，且智昙不愿申请宫中钱物、材料、木植，并是自己衣钵并教化檀越乐施钱物。今来已建十层，院宇百间，将欲成就。委是，江潮平善。舟揖无虞。切缘开化寺元有敕黄文字，昔缘兵火烧毁不存。欲望特赐给降敕黄付智昙住持。伏候指挥。闰十一月二十八日奉圣旨依所乞。

右札付僧智昙

隆兴二年十二月（尚书省印）

准尚书省札子。开化寺六和塔住持讲因唯识等论僧智昙状，伏睹临安府开化寺六和塔开宝四年请□□师创建斯塔，以镇压江潮。后因方腊烧毁，片瓦不存。遂致江潮汹涌，舟揖失利。于绍兴二十二年十一月内奉圣旨，塔庙令礼部看详兴工，令临安府转运司同共措置。至绍兴二十六年内，蒙临安府委官劝请，给帖付智昙住持修建。当时不愿申请官中钱物，并是智昙用自己衣钵，教化钱物建置。今来宝塔垂成在即。委是江潮平善，舟楫无虞。欲望特与本寺蠲免日后措借科敷及指占安泊。伏候指挥。七月一十六日奉圣旨特依。

右札付临安府者。

　　右除已帖钱塘、仁和县僧司仰遵依已降圣旨指挥施行外，今帖开化寺六和塔仰照会。乾道元年八月初二日帖。（临安府印）

昙山题刻：被嫌弃的朱熹

朱熹一生的学术生涯可以分成三个时期。一是从隆兴元年（1163）到淳熙四年（1177），即34岁到48岁，是朱熹学术体系初步形成时期。他一方面继续辟佛，一方面系统编辑北宋理学家的言论、文字，把理学精神糅进儒家经典，基本完成《四书》的纂修工作，这是朱熹理学体系初步建立的标志。二是淳熙五年（1178）至绍熙五年（1194），朱熹49岁至65岁，为进一步发展时期。朱熹的主要活动是通过讲学和同其他学派的辩论，扩大朱学学派的势力与学术影响，进一步对儒家经籍进行理学化的系统阐释，构建更加完备的理学思想体系。三是从宁宗庆元元年（1195）至六年（1200）朱熹去世，朱子学进一步完善，但在政治上遭到打击。

朱熹学术生涯第二阶段的末期，他被召入朝中担任焕章阁待制、侍讲。朱熹因此可

昙山朱熹塑像

以利用给宁宗讲授儒家经典的机会发表政见，但唯一一次在朝为官不过46日，朱熹即被排挤出朝。在这次理学史与宋代政治史的重要事件中，朱熹在杭州的昙山留下了两处题刻，其中一处至今保存完好。

颓然见此山

钱塘江与富春江在今天之江路尽头将要衔接时，突然拐弯向南行10公里。原本可以朝东北方向径自流入钱塘江的富春江水，也在今天富阳中学的位置偏南行20余公里，在今天杭州双浦镇的东江嘴与钱塘江河道形成一个尖锐的夹角。东江嘴一带长期以来受到洪潮肆凶，水祸频生，直到1996年筑起50里标准大塘才能彻底抵御钱塘江的洪水、江潮。不过今天双浦镇的整个区域都是明清以后逐渐形成，两宋以前钱塘江与富春江都是直线衔接。如果在今天的地图上将富春江与钱塘江裁直对接，那么钱塘江的北岸应该在狮子山、花山、灵山的南麓，双浦镇这个小三角地带显然是江潮冲击北岸群山而逐渐形成。现在的狮子山在宋代称为定山，是航行的坐标，而南侧的浮山在宋代还是钱塘江中的小岛，因经常给航行造成严重威胁，苏轼一度计划另开航道避开浮山。这一片江面也是吴越国与南宋训练水师的地方，花山与灵山之间的一片平地更成为两宋的津渡，是文人士大夫迎来送往与郊游的场所，苏轼就在这里留下过“金鱼池边不见君，追君直过定山村……风岩水穴旧闻名，只隔山溪夜不行”（《往富阳新城李节推先行三日留风水洞见待》）的诗句。

由富春江进入杭州，在花山与灵山之间的津渡上岸，首先会看到花山南还有一处更低矮的昙山。绍熙五年（1194）九月朱熹被召入临安，在富阳舍舟登岸，由陆路赴临安，并在昙山游览了郑涛（次山）的园林，然后在一方棋枰石上题诗：

昙山朱熹诗题刻

昙山远景

颓然见此山，一一皆天作。信手铭岩墙，所愿君不凿。

这首诗并没有收入朱熹的文集，是清代阮元的《两浙金石志》称《万历钱塘志》曾记录朱熹这首题诗，但阮元无从寻访，所以他记下了"今不存，附录于此"。至今仍可以在昙山寻访到的朱熹题刻是：

绍熙甲寅闰十月癸未，朱仲晦父南归，重游郑君次山园亭，周览岩壑之胜，裵回久之。林释之、余方叔、朱耀卿、吴宣之、赵诚父、王伯纪、陈秀彦、李良仲、喻可忠俱来。

阮元还记录这处自左而右竖行昙山摩崖"行书，十六行，字径二寸"。绍熙甲寅即绍熙五年（1194），这年刚刚发生了绍熙政变，闰十月是朱熹在朝46天后黯然离开的日子，阮元记录的两种昙山题刻其实就是朱熹这段经历的历史遗迹。

朕悯卿耆艾

淳熙八年（1181）朱熹重建白鹿洞书院之后，又因赈灾而提举浙东常平茶盐公事，闹得沸沸扬扬的劾奏前知台州唐仲友事件就发生在这时。然后朱熹返乡合刊《四书集注》，创建武夷精舍广收门徒，并与永康陈亮辩论"王霸义利"。淳熙十五年（1188）十一月朱熹向孝宗上书（《戊申封事》），要求皇帝"正心""任选大臣"。次年61岁的朱熹出知漳州，一度试图推行经界，因遭到强烈抵制而作罢。绍熙二年（1191）朱熹因丧子请祠，接着迁居建阳专事著述讲学。三年后即绍熙五年（1194），朱熹临危受命出知潭州（今湖南长沙）、荆湖南路安抚，招降瑶民并扩建岳麓书院。

这年七月五日朝中发生了"绍熙政变"，七月十一日宁宗即召朱熹入都奏事。八月五日宁宗除朱熹为焕章阁待制，而朱熹在上了一次辞免状之后，于八月六日东归赴朝。这是朱熹唯一一次入朝任职，开始朱熹满心全是得君行道的期待，不过很快发现新君亲近的是外戚、近习韩侂胄，而不是前朝的宰相留正、赵汝愚。于是朱熹一边赴都一边继续辞免，但未得到朝廷的允准。

朝中又因孝宗的山陵选址问题引发激烈争议。赵彦逾（赵廷美后裔，工部尚书）视察孝宗在绍兴的山陵选址时发现土层浅薄，下有水石。于是赵汝愚力主改选陵址，而留正坚持原来的选址。这个问题引起朱熹的强烈兴趣，他在知潭州任上就与当地术士讨论地理风水，受召时更写信请精通风水术数的学生蔡元定一起入都。但蔡元定无心出山，反劝朱熹早归。于是朱熹自己在从潭州往杭州的路上寻访山陵吉地，"臣自南来，经由严州富阳县，见其江山之胜，雄伟非常"，并且认为"富阳乃孙氏所起之处，而严州乃高宗受命之邦也"，还听说"临安县乃钱氏故乡，山川形势宽平邃密"，于是就认为杭州更西的富阳、严州、临安县（今杭州市临安区）一带群山应该有适合帝王山陵的处所，"臣之所已见闻者逆推其未见未闻者，安知其不更有佳处，万万于此而灼然可用者乎"（朱熹《山陵议状》）。

朱熹在富阳舍舟，然后行至昙山拜访郑氏园亭并留下"颓然见此山，一一皆天作"的题诗。离开昙山，朱熹就在临安城外的六和塔待命。道学领袖抵达临安，在政治上与道学集团立场一致的永嘉名士陈傅良、叶适、薛叔似、许及之、蔡幼学、陈谦等纷纷来六和塔与朱熹聚会商议。这时的朝臣都在为新君惯出内批、信用近习而苦恼，他们向朱熹请教对策。朱熹却说"彼方为几，我方为肉，何暇议及此哉"，他对朝廷险恶的局势已有充分的心理准备，但没有丝毫妥协与暧昧的打算。

十月二日朱熹进入国门，四日奏事于行宫便殿。十月十日朱熹赴经延供职，第一件事就是上《孝宗山陵议状》附和赵彦逾另择山陵的意见，还打算推荐学生蔡元定来为孝宗择陵，此后又联名上奏请求另择陵地。朝廷对此置之不理，朱熹则试图以学术的权威确立政治上的发言权，《山陵议状》被否决后，他又投入到祧庙的争议中，上了一道《祧庙议状》，结果推荐朱熹入朝的宰相赵汝愚在祧祖问题上直接反对朱熹的意见。道学政治集团内部因为祧祖争议相互攻讦，韩侂胄为代表的近习集团已经意识到自己的政敌其实是一盘散沙。

在山陵、祧庙问题的主张均遭否定之后，朱熹只有在经筵讲读中尝试教化宁宗皇帝。十月十四日朱熹第一次赴经筵进讲《大学》，朱熹反复强调"大学之道不在于书，而在于我"，希望宁宗能"修身为本"，像教训童蒙小子一样要求宁宗"每出一言，则必反而思之"，"出入起居、造次食息，无时不反而思之"。宁宗对朱熹的道德说教毫无兴趣，为了表现皇帝对经师的尊重与亲切，他与朱熹攀谈起宫中秘事，告诉太上皇赵惇（光宗）的近况。首讲之后，宁宗还下了一道《案前致词降殿曲谢》，夸奖朱熹讲的很好，"讲明大学之道庶几于治，深慰予怀"，表面上是褒扬，其实是提醒朱熹应注意对皇帝的态度。首讲之后，朱熹又于十月十八日晚讲，二十三日早讲，闰十月一日晚讲，三日早讲，四日晚讲，十九日晚讲，一共讲了七次。朱熹以为他讲的效果很好，他奏问宁宗"陛下于臣妄说有所疑否"，宁宗称"说得甚好，无可疑"，还讲过"看来紧要处，只在求放心耳"这种标准的道学言论。朱熹于是喜不自禁对门徒说"上可与为善，愿常得贤者辅导，天下有望矣"。

事实上宁宗对朱熹的道学唠叨与限制君权的苛求早已憎厌到无法忍受的地步。韩侂胄早已在谋划驱逐赵汝愚，而宁宗对朱熹的憎恶与日俱增，所以韩侂胄发现可以通过打击朱熹羞辱赵汝愚。朱熹入都时，台谏的韩侂胄党羽们已经开始为清洗道学集团开展大规模的弹劾运动，宁宗继位前的老师、嘉王府翊善黄裳就在这时病亡。朱熹对此心急如焚，他不得不利用经筵留身的机会直接向宁宗进言。十月二十三日朱熹严厉批评宁宗偏执自专，一口气面奏"移御""寿康定省之礼""朝廷纲纪"及"攒宫"四事。原来绍熙政变发生在孝宗所居重华宫（即北内，原德寿宫），宁宗也在这里即位，而被动退位仍留在凤凰山下"南内"的光宗一度还蒙在鼓里。光宗退为太上皇，所居南内福宁宫也被改称"寿康宫"，所以宁宗看望父亲称"寿康定省之礼"。但宁宗并不愿意一直留在北内，他想回到南内就要重建福宁殿，这就是他的"移御"计划。而朱熹面奏反对宁宗"移御"，并且以"朝廷纲纪"为名反对韩侂胄干政。而韩侂胄积极支持宁宗"移御"，对朱熹更是恨之入骨。

在驱逐朱熹之前，宁宗先给朱熹加官晋爵，闰十月八日封朱熹为婺源县开国男，十一日任实录院同修撰。朱熹以为受到重用，还想编修礼书并改革实录院，并继续攻击韩侂胄。闰十月十九日晚讲，朱熹再次利用《大学》格物致知之说批评宁宗"但崇空言"，并且再提前奏四事。宁宗忍无可忍，朱熹刚跨出经筵，宁宗立即降出一纸"内批"驱逐朱熹：

德寿宫考古现场

钱王祠

> 朕悯卿耆艾，方此隆冬，恐难立讲，已除卿宫观，可知悉。

内批对于朝中道学集团不啻是晴天霹雳，赵汝愚慌忙袖藏御批面见宁宗，但即便赵汝愚以罢政抵制也不能让宁宗收回成命。为了防止宰相府不下达御批，二十一日韩侂胄更是差遣内侍王德谦径自将御批送达朱熹寓舍。

朱仲晦南归

收到宁宗的御批，朱熹立即辞谢离朝，住到城南灵芝寺待罪。南宋的灵芝寺就在现在杭州柳浪闻莺景区的钱王祠，张岱《西湖梦寻》称"灵芝寺，钱武肃王之故苑也"。由于采用非常手段驱逐朱熹，很多朝臣完全不知道发生了什么。后来宁宗向朝臣解释驱逐朱熹的原因，"初除朱熹经筵尔，今乃事事欲与闻"，"朱熹所言，多不可用"，可见宁宗从未打算在政治上重用朱熹，更完全不认同朱熹的政治主张。

但道学集团还是发起了声势浩大的援救道学党魁的行动。闰十月二十二日给事中楼钥封还录黄，在《论朱熹补外》中批评宁宗专断虚伪。起居舍人邓驲面奏力争，起居郎诉问宁宗："陛下

昌山朱熹题刻拓片、全景、局部

初膺大宝，招来耆儒，此政之最善者，今一旦无故去之，可乎？"二十四日中书舍人陈傅良再次封还录黄，道学集团又连番上疏恳请宁宗回心转意，校书郎项安世更是举领馆职之臣联名上书痛斥宁宗"是示天下以不复用贤……是示天下以不复顾公议也"，而监登闻鼓院游仲鸿将矛头直指韩侂胄，"愿亟还朱熹，毋使小人得志，养成乱阶"。

宁宗与韩侂胄决意驱除朱熹。二十六日朱熹离开临安返还武夷，他的史院同僚李璧、叶适等都来灵芝寺为他设宴饯别，朱熹黯然吟诵离别的古诗"生平少年日，分手易前期。及尔同衰暮，非复别离时。勿言一樽酒，明日难重持。梦中不识路，何以慰相思"。一大群学生一直送行至朱熹登舟，朱熹领着他们重游昌山郑涛园亭并留下"绍熙甲寅闰十月癸未，朱仲晦父南归"的题刻。今天朱熹的昂山题刻不但作为杭州市文保单位得以妥善保护，昂山公园还重刻了朱熹入朝时"颓然见此山，一一皆天作。信手铭岩墙，所愿君不凿"的题诗，并在题诗的崖壁前塑造了迎送朱熹的群体雕像。

朱熹返还考亭后加紧整理平生思想著述。两年后，朱熹在庆元党禁中被打为伪学罪首。庆元六年（1200）三月，71岁的朱熹病逝。这时庆元党禁尚未结束，四方道学信徒相约会葬道学党魁，朝廷下令守臣约束。十一月朱熹葬于建阳县黄坑大林谷，参加会葬者仍然有近千人之多。

青衣洞：陆游的逸文

庆元党禁后，韩侂胄的地位不断上升，先后加少师、太师，封平原郡王，拜平章军国事，位在宰相之上。庆元六年（1200），宋宁宗韩皇后去世。韩皇后是韩侂胄侄孙女。嘉泰二年（1202），宋宁宗立韩侂胄并不支持的杨贵妃为皇后，失去后宫奥援的韩侂胄面临失势的威胁。当时金国遭新兴蒙古部族的进攻，国内叛乱时有发生，势力有所衰落。韩侂胄既为重新巩固权力，又认为金国有机可乘，开始准备北伐，征兵马，备兵船，训练军队。开禧元年（1205）冬，金使觐见宁宗时态度傲慢，引起宁宗和朝臣不满，宁宗更加积极支持韩侂胄北伐。开禧二年（1206），宋廷不顾部分朝臣反对，部署三路军队伐金，史称"开禧北伐"。宋军进展很不顺利，金军很快转入反攻，而且西路金军攻下大散关（今属陕西宝鸡）后，宋朝四川守将吴曦公开叛敌，自称蜀王。此后宋金战争进入相持阶段，双方开始谋求和议。嘉定和议达成之前，韩侂胄在杨皇后与礼部尚书史弥远联手发动的政变中被击杀。

开禧北伐前，韩侂胄起用辛弃疾、叶适、陆游等抗金人士，追封岳飞为鄂王，削秦桧的爵位并改其谥号为"谬丑"，以此激

青衣洞（阅古泉遗址）

南园遗址

发南宋军民的抗金情绪。开禧北伐之前辛弃疾、叶适、陆游就十分担忧战争的前景，韩侂胄的起用更是对他们如何选择出处的严峻考验。就是在这个过程中，陆游为韩侂胄撰写了"《阅古》《南园》二记"，但这两篇记文未曾收入陆游自编的文集。今天仍可以在杭州寻访阅古泉与南园遗址，回味韩侂胄专权时代的政治风云。

见讥清议

陆游的童年是在靖康之乱的混乱逃亡中度过的，他的一生主要是坚持抗金的爱国诗人，既没有当过大官，也没有参与过实际的对金作战。因为坚持抗金，陆游参加科举时得罪了秦桧，虽然获得省试的高第，却在殿试中落榜，一辈子连进士的功名都没有。但他颇有些文名，等到秦桧去世后，应该是依靠举荐进入仕途。此后他经历了三次宋金战争，第一次完颜亮侵宋，他在朝中任职。第二次张浚北伐，他也在朝中任职，直到符离之败后，他被派到镇江当通判，并进入张浚的幕府。本来这是他直接参与抗金的机会，结果宋廷决定议和，张浚被召回朝中不久便去世了，陆游又被指为依附张浚而遭弹劾。此后陆游屡起屡罢，相当长时间在家乡山阴闲居。四川当然是陆游最精彩的一段仕宦经历，也因此留下了一部长篇游记《入蜀记》，他的诗集也以四川地名"剑南"为题。而朝中发生绍熙政变、庆元党禁等重大事件时，陆游都在山阴。

陆游最后一次被起用是庆元党禁解除后的嘉泰二年（1202），这时韩侂胄考虑通过北伐巩固权位。但陆游的任务不过是到朝中编修史书。这时他已年近八旬。在此前后，陆游给韩侂胄的园林写过两篇记文《南园记》《阅古堂记》。开禧三年（1207）韩侂胄被击杀，他的园林也被充没，立在园中的碑记同时被毁，陆游也因为与韩侂胄交游而受到理学家的攻击，《宋史》就称陆游"晚年再出，为韩侂胄撰南园、阅古泉记，见讥清议。朱熹尝言：'其能太高，迹太近，恐为有力者所牵挽，不得全其晚节。'"

开禧年间陆游的好朋友辛弃疾拒绝了韩侂胄的起用，并在开禧北伐彻底失败前去世，而陆游在开禧北伐彻底失败两年之后才逝世。临终前陆游编订了自己的文集，题名《渭南文集》出自陆游的爵号"渭南伯"。文集最初由其幼子陆子遹于嘉定十三年（1220）刊刻，南宋刊刻的《渭南文集》至今仍有存世，因子避父讳，文中"游"字均缺最后一笔。陆子遹的跋交待陆游自编文集的情况，"今别为五十卷，凡命名及次第之旨，皆出遗意，今不敢紊"，文集中没有收录《南园记》《阅古堂记》显然是他自己的意思。

这两篇记文首次编入陆游文集是清初的汲古阁本，编印者毛晋在《渭南文集》之外辑得《放翁逸稿》一卷，并撰跋为陆游辩护。毛晋认为陆游没有收入两篇记文是为了表达对韩侂胄的不满，"其

杭州吴山青衣泉（阅古泉）　　　　　　青衣泉唐代题刻

不入韩侂胄《南园》，亦董狐笔也"，但其实记文有很高的文学价值，"虽见疵于先辈，文实可传"。而且记文的内容并没有阿谀奉承，反而对韩侂胄有所规劝讽谏，认为《阅古堂记》"已面唾侂胄"，《南园记》"惟勉以忠献事业，无谀词，无侈言，放翁未尝为韩辱也"，因此补入两篇记文无损于陆游的名声，"因合镌之，并载诗余几阕，以补《渭南》之遗云"。

　　问题是陆游没有将两篇记文收入文集，碑刻也早已毁坏，毛晋又从何辑得《阅古》《南园》二记呢？原来南宋的叶绍翁得知《渭南文集》未收这两篇记文，刻意在他的《四朝闻见录》中全文抄录下来，"近闻并《阅古记》不登于作《记》者之集，又碑已仆，惧后人无复考其详，今并载二记云"。两篇记文中，《阅古堂记》有明确撰文时间"嘉泰三年四月乙巳，山阴陆游记"，《南园记》虽然没有时间，却有陆游的官衔"中大夫、直华文阁致仕、赐紫金鱼袋陆游谨记"，可以推测撰文时间当在庆元六年（1200），当时陆游仍在山阴乡居。朱东润先生的名著《陆游传》认为陆游没有拒绝韩侂胄的原因是避祸，并且指出这时韩侂胄的侄女韩皇后去世，韩侂胄"感觉他不能再以皇亲国戚的地位掌握政权，而必须在事业上有所成就……要在事业上有所成就，在抵御女真的压迫方面做出一番功业来，侂胄必须团结得力的人物，因此他在思想上有了和士大夫中的知识分子言归于好的准备"。所以嘉泰二年（1202）韩侂胄正式解除庆元党禁，陆游也在这时被起用为实录院同修撰、兼同修国史。

韩家赐园

南园原是宋高宗的别园，庆元三年（1197）高宗吴皇后将其赐予韩侂胄，所以《南园记》称"慈福有旨，以别园赐今少师平原郡王韩公"。陆游撰记时并未亲眼见到南园，但他说"王公将相之园林相望，皆莫能及南园之仿佛者"，《梦粱录》也称南园"有十样亭榭，工巧无二"，南园的精巧华丽应该不是虚名。韩侂胄被杀后，南园被皇室收回改称"庆乐园"，后来理宗又将其转赐给嗣荣王并改名为"胜景园"。南宋灭亡后园废，元初周密游南园有"清芬堂下千株桂，犹是韩家旧赐园"的诗句，至明正德年间仍有遗迹，但明朝后期已废为农田。南园在南屏山的东南麓，今天杭州南山路长桥至丝绸博物馆一带，现已建成"长桥溪水生态修复公园"，据估测南宋时南园面积可能有200亩之广。

陆游意识到为韩侂胄撰记可能为清议所讥，在记文中就申明自己"无谀辞，无侈言"。他的逻辑是：愿意吹捧韩侂胄的朝中文人学士多的是，韩侂胄为什么要让他这位"老病谢事，居山阴泽中""其愚且老，又已挂衣冠而去"的老朽来写呢？其实是因

南园遗址（杭州长桥溪水生态修复公园）

为韩侂胄亲自写了一封信，声称为了避免朝中文士的"谀辞""侈言"，才在信中直言"子为我作《南园记》"，特地请早已归隐的陆游撰记。陆游并不是理学家，与朱熹的关系限于相互尊重，他没有参与赵汝愚与韩侂胄的权斗党争，所以没有直接的理由拒绝韩侂胄的邀请，"游所以承公之命而不获辞"。

陆游才气超逸，《南园记》当然做到了"无谀辞，无侈言"，前面大概就是照抄南园的简介，然后借园中建筑"悉取先得魏忠献王之诗句而名之"开始发挥。因为核心建筑名曰"许闲"，而且是宋宁宗的"亲御翰墨"，又有庄园称为"归耕"，于是陆游宣称南园的修建表现了韩侂胄的隐退之志：

> 始曰"许闲"，终曰"归耕"，是公之志也。公之为此名，皆取于忠献王之诗，则公之志，忠献之志也。

就韩侂胄在韩皇后去世后试图借海内名士重新巩固权势的处境而言，《南园记》可谓是尽说反话。韩侂胄不可能看不懂《南园记》的心机，但他要笼络人心、驾驭名士，所以嘉泰二年（1202）就用重新起用年近八旬的陆游，并请他再写一篇《阅古泉记》。

阅古泉记

韩侂胄的府第在吴山东麓、南宋太庙附近，也就是今天太庙巷、吴山新村一带。陆游《阅古泉记》称"太师平原王韩公府之西，缭山而上，五步一磴，十步一壑，崖如伏鼋，径如惊蛇……其尤胜绝之地曰阅古泉"，就是说韩府往吴山上延伸，占得了原来宁寿观相当多的地盘，并将阅古泉也囊括其中。这样一来吴山就成了韩府的后花园，站在上面可以俯视南宋太庙，所以后来攻击韩侂胄就有"凿山为园，下瞰宗庙，穷奢极侈，僭拟宫闱""简慢宗庙，罪宜万死"的说法。

阅古泉就是青衣泉，陆游记载"按泉之壁，有唐开成五年（840）

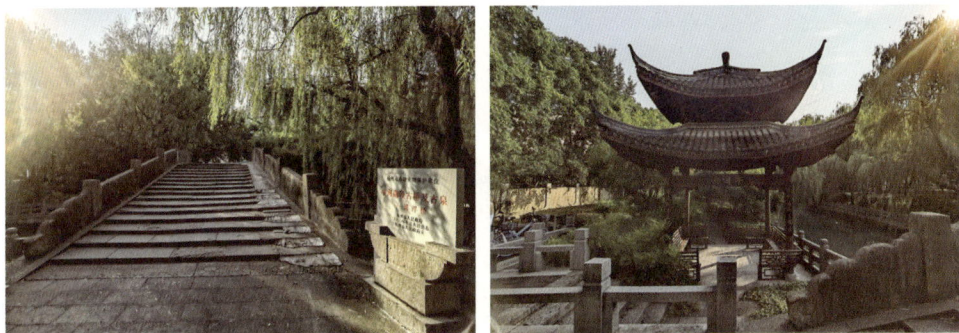

洋泮桥与盼月亭（南宋玉津园遗址）

道士诸葛鉴元八分书题名，盖此泉湮伏弗耀者几四百年，公乃复发之"。这处相隔四百年后由韩侂胄重新发现的唐代题刻是杭州现存最古老的摩崖题刻，至今仍在吴山青衣洞。传说青衣洞得名于唐道士在此遇见青衣童子入洞而隐，而泉水自洞中而下。韩侂胄引泉水经十二折而入其宅第，砌玛瑙池蓄水于阅古堂前，故称阅古泉。

陆游的《阅古泉记》记录韩侂胄邀请他游览的过程，当时他已经获准辞职准备"复归故山"了。这次游历可能有宁寿观的道士陪伴，陆游称他喝了韩侂胄的泉水固然无法推辞写游记的邀请，但又说喝了这口泉水让他觉得自己"视道士为有愧，其视泉尤有愧也"，意思是自己不应该再出现在朝堂之上了。南宋灭之后，周密等再游阅古泉，只见这韩平原故园"磴道、石池、亭馆遗迹，历历皆在，虽草木残毁殆尽，而岩石秀润可爱"，而且从这里向下俯视，的确可以看到南宋"太庙及执政府在焉"。明代郎瑛寻访青衣泉时这里已是重阳庵，而开成五年的题刻已是"岁久石泐，今不明白，如末后诸葛鉴元书止有'元书'二字，可叹"。

开禧三年（1207）十一月韩侂胄在玉津园被击杀时，陆游已在山阴乡居。那几天陆游没有留下诗作，直到十二月间写了一首《书文稿后》：

上蔡牵黄犬，丹徒作布衣。苦言谁解听，临祸始知非。

这首诗似乎是以李斯比韩侂胄而自称丹徒布衣，显然有讥刺韩侂胄并与之撇清关系的意思。韩侂胄被诛杀的玉津园是钱塘江畔的皇家园林，在南宋临安城嘉会门南，即今天之江路、洋泮路一带。"玉津园"本是开封皇家园林的名称，绍兴十七年（1147）高宗在钱塘江畔另建。这里靠山沿江，景色极佳，南宋诸帝常在此举行宴射礼。今天的南宋玉津园遗址一带，尚有一座南宋已有、明万历年间重建的单孔石拱桥——洋泮桥。

附：陆游《南园记》

庆元三年二月丙午，慈福有旨，以别园赐今少师、平原郡王韩公。其地实武林之东麓，而西湖之水汇于其下，天造地设，极山湖之美。公既受命，乃以禄入之余，葺为南园。因其自然，辅以雅趣。方公之始至也，前瞻却视，左顾右盼，而规模定，因高就下，通窒去蔽，而物象列。奇葩美木，争效于前；清流秀石，若顾若揖。于是飞观杰阁，虚堂广厅，上足以陈俎豆、下足以奏金石者，莫不毕备。高明显敞，如蜕尘垢而入窈窕，邃深疑于无穷。既成，悉取先时魏忠献王之诗句而名之。堂最大者曰许闲，上为亲御翰墨以榜其颜。其射厅曰和容，其台曰寒碧，其门曰藏春，其关曰凌风，其积石为山曰西湖洞天；其潴水艺稻，为囷为场，为牧羊牛、畜雁鹜之地，曰归耕之庄。其他因其实而命之名，则曰夹芳，曰豁望，曰鲜霞，曰矜春，曰岁寒，曰忘机，曰照香，曰堆锦，曰清芬，曰红香。亭之名，则曰远尘，曰幽翠，曰多稼。自绍兴以来，王公将相之园林相望，莫能及南园之仿佛者。公之志，岂在于登临游观之美哉？始曰许闲，终曰归耕，是公之志也。公之为此名，皆取于忠献王之诗，则公之志，忠献之志也。与忠献同时、功名富贵略相埒者，岂无其人；今百四五十年，其后往往寂寥无闻。韩氏子孙，功足以铭彝鼎、被弦歌者，独相踵也。

逮至于公，勤劳王家，勋在社稷，复如忠献之盛，而又谦恭抑畏，拳拳志忠献之志，不忘如此。公之子孙，又将嗣公之志而不敢忘，则韩氏之昌，将与宋无极，虽周之齐鲁，尚何加哉！或曰：上方倚公如济大川之舟，公虽欲遂其志，其可得哉？是不然，知上之倚公，而不知公之自处，知公之勋业，而不知公之志，此南园之所以不可无述。游老病谢事，居山阴泽中，公以手书来曰："子为我作《南园记》。"游窃伏思：公之门，才杰所萃也，而顾以属游者，岂谓其愚且老，又已挂衣冠而去，则庶几其无谀辞、无侈言，而足以道公之志钦？此游所以承公之命而不获辞也。

中大夫、直华文阁致仕、赐紫金鱼袋陆游谨记。

附：陆游《阅古泉记》

太师、平原王韩公府之西，缭山而上，五步一磴，十步一壑，崖如伏鼋，径如惊蛇。大石礧礧，或如地踊以立，或如翔空而下，或翩如将奋，或森如欲搏。名葩硕果，更出互见，寿藤怪蔓，罗络蒙密。地多桂竹，秋而华敷，夏而箨解。至者应接不暇，及左顾而右盼，则呀然而江横陈，豁然而湖自献。天造地设，非人力所能为者。其尤胜绝之地，曰阅古泉，在溜玉亭之西，缭以翠麓，覆以美荫。又以其东向，故浴海之日、既望之月，泉辄先得之。袤三尺，深不知其几也。霖雨不溢，久旱不涸，其甘饴蜜，其寒冰雪，其泓止明静，可鉴毛发。虽游尘堕叶，常若有神物呵护屏除者，朝暮雨旸，无时不镜如也。泉上有小亭，亭中置瓢，可饮可濯，尤于烹茗酿酒为宜，他石泉皆莫逮。公常与客倘佯泉上，酌以饮客。游年最老，独尽一瓢。公顾而喜曰："君为我记此泉，使后知吾辈之游，亦一胜也。"游按泉之壁，有唐开成五年道士诸葛鉴元八分书题名，盖此泉湮伏弗耀者几四百年，公乃复发之。时"阅古"盖先忠献王以名堂者，则泉可谓荣矣。游起于告老之后，视道士为有愧，其视泉尤有愧也。幸旦暮得复归故山，幅巾袒褐，从公一酌此泉而行，尚能赋之。嘉泰三年四月乙巳，山阴陆游记。

葛岭：不上班的权相

葛岭是指杭州西湖之北宝石山西面的一条山岭，因东晋著名道士葛洪结庐炼丹而得名，岭上有抱朴道院为全国重点开放道教宫观，尚存炼丹台、炼丹井、初阳台等道教名胜及古迹。这座道观有一殿称为"半闲草堂"，又有阁楼称"红梅阁"，看来抱朴道院重建时设计师是把葛岭与南宋权相贾似道联系起来了。其实葛岭一带宋代遗迹甚多，除了孤山北面的西湖山庄一带是

从半闲草堂（抱朴道院）眺望西湖

原来贾似道的后乐园，葛岭东面的保俶塔流传着钱弘俶纳土归宋的故事，而保俶塔更东的山麓下还有宋代大佛寺的遗迹。

半闲草堂红梅阁

葛洪是东晋时丹阳郡句容（今属江苏）人，丹阳葛家是江南文化士族与著名的修道世家。葛洪的叔祖葛玄为三国时期有名的方士，人称"葛仙翁"。葛洪因之被称"小仙翁"，又自号"抱朴子"，著有《抱朴子》70卷。葛洪少年时熟读儒家经典，西晋末年曾因为军功而封为伏波将军，东晋建立后又因旧功赐封关内候。但葛洪在意神仙导养之事，曾师事叔祖的弟子郑隐为师，晋末为避战乱至广州，又师事南海太守鲍靓修行道术，深得鲍靓器重，娶鲍靓之女为妻。此后葛洪携妻在全国游历修炼，最后隐居于广州罗浮山炼丹辞世。

葛洪是道教丹鼎派的祖师，兼修当时流行的上清派与灵宝派，把道教的神仙方术和儒家纲常伦理相结合，认为只要内修外养，服食金丹，同时积善立功，就可长生。传说大约近40岁时，葛洪辞官别家来到杭州，见宝石山西面的山岭林幽石遂，风景秀丽，便在宝云山宝云坞结庐而居。葛洪的抱朴庐几经兴废，唐代刺史李泌曾建殿宇祭祀，名为"葛仙祠"，额"初阳山房"，后又建有

抱朴道院

葛岭

抱朴道院"半闲草堂"

抱朴道院"红梅阁"

初阳亭。南宋时,葛仙翁炼丹台前建起了玉清宫,供奉宋宁宗及皇后杨氏的神御,宋理宗还"御书玉清之宫四字以赐"。玉清宫在元代毁于战火,明初重修,因处玛瑙坡而称玛瑙山居。明万历四十年(1612)葛洪后人重建楼宇,称葛仙庵,至康熙年间已荡然无存。康熙六年(1667)在宝云庵下建涵青精舍,雍正年间重修,又改称抱朴道院。抱朴道院及葛岭上诸多建筑在抗战时期毁损严重,"文革"中除道院房舍外更是荡然一空。1983年抱朴道院被国务院批准为全国二十一座道教重点开放宫观之一,1984年杭州市人民政府拨款整修,并成为杭州市道教协会的主要活动场所。

现在的抱朴道院有一座楼房匾题"红梅阁"。传统戏曲《红梅阁》又称《李慧娘》,取材于明代周朝俊的传奇《红梅记》,故事讲述南宋奸相贾似道率众姬妾游西湖,其爱妾李慧娘见岸边断桥旁站一英俊书生裴舜卿,顿生爱慕之心,脱口而道:"真仙人也,世上竟有这俏才郎!"一句赞美的话触怒了奸相,李慧娘惨死在贾似道的乱剑之下。为消心头妒恨,贾似道又骗来书生裴舜卿欲杀之。这时李慧娘的鬼魂出现在裴生面前,她道出原委,救出裴生。红梅阁的故事当然不是历史事实,但抱朴道院出现"红梅阁"显然是把葛岭与贾似道联系起来。不仅如此,抱朴道院正殿为葛仙殿,奉祀慈航道人、财神与文昌的东殿却称"半闲草堂",这本是贾似道在葛岭观赏西湖全景的别墅的名称。

后乐园平地神仙

贾似道，字师宪，号秋壑，台州天台人。贾似道的祖父贾伟含冤而死，父亲贾涉奔走申诉十年之久，最终伏阙上书为贾伟平反。此后贾涉成为联蒙灭金战争中招纳与节制山东忠义军的主要执行者，最终因为这项政策的失败而忧病去世，年仅46岁。贾似道应该以父亲贾涉的恩荫入仕，不过入仕后不久又考取了进士，而且他还有一位姐姐是宋理宗宠爱的贵妃。虽然不必讳言贾似道借助过贵妃姐姐的裙带关系，但他成长为南宋最重要的边帅主要还是遗传了父亲的治军才能。

宝祐四年（1256），贾似道被任命为参知政事，成为宰执大臣。开庆元年（1259）蒙古第二次侵宋，蒙哥汗亲自领兵攻蜀，忽必烈攻鄂州。贾似道率军支援鄂州，因蒙哥战死，忽必烈为争夺汗位而接受贾似道私下提出的议和，然后撤围北去。所谓的"鄂州和议"只是两军前线统帅的一种意向，并没有达成具体条款，更没有完成任何必要的程序。事后贾似道非但没有向朝廷汇报议和之事，反而谎报"诸将大捷于鄂城，鄂围解，凡百余日"，对自己向忽必略求和之事则只字不提，从而制造了由他再造宋室的假象。虚假的鄂州和议与鄂州大捷一方面为贾似道专权铺平了道路，另一方面也被认为是葬送南宋王朝的核心事件。景定元年（1260）

新新饭店（养乐园遗址）

西湖山庄（后乐园遗址）

111

贾似道以少师、卫国公、右相兼枢密使回到临安，开启其长达十五年的专权生涯。这一年忽必烈即大汗位，并派翰林侍读学士郝经出使南宋议和。贾似道为了掩盖他私下议和、贪天之功的罪恶，竟然将郝经扣押拘留，让宋蒙错失了和平相处的最后机会。

景定三年（1262）正月，理宗将皇家园林集芳园赐予贾似道，"诏以魏国公贾似道有再造功，命有司建第宅家庙，贾固辞，遂以集芳园及缗钱百万赐之"。集芳园就在孤山的北岸，"前揖孤山，后据葛岭，两桥映带，一水横穿，各随地势以构筑焉"，差不多就是今天杭州北山路香格里拉、西湖山庄、新新饭店三大高级酒店的位置，独揽西湖胜景。贾似道将其改名"后乐园"并重新营造，"古木寿藤，多南渡以前所植者。积翠回抱，仰不见日，架廊迭磴，幽眇逶迤，极其营度之巧"。贾似道因此居于西湖北岸，上朝需要坐船穿过西湖再穿过万松岭入凤凰山。后乐园的边上，又有贾氏的四世家庙，以及贾似道奉养母亲的养乐园。此外，西泠桥南、孤山北麓也为贾似道占有，"树竹千挺，架楼临之"，称为水竹院落。贾似道以再造功臣占据湖山之胜，阿谀奉承者不计其数。比如有人以《八声甘州》填写贺贾氏寿词，就可以窥识"谄词呓语"之一斑：

> 满清平世界，庆秋成，看看斗米三钱。论从来活国，论功第一，无过丰年。办得闲民一饱，余事笑谈间。若问平戎策，微妙难传。
>
> 玉帝要留公住，把西湖一曲，分入林园。有茶炉丹灶，更有钓鱼船。觉秋风、未曾吹着，但砌兰、长倚北堂萱。千千岁，上天将相，平地神仙。

半闲坐论宋平章

景定五年（1264）理宗去世，早已立为太子的侄子赵禥即位，

葛岭半山亭（"半闲坐论宋平章"楹联）

是为度宗。度宗特授贾似道为太师、平章军国重事，位在丞相之上，并允许他十日一朝。于是贾似道深居葛岭私第，由吏人抱文书至家中处决，自己过上了"宫人娼尼有美色者为妾，日淫乐其中"及"纵博""踞地斗蟋蟀"的日子，《红梅阁》的故事就是因此敷衍而来。就在南宋"朝中无宰相，湖上有平章"的局面下，咸淳四年（1268）被贾似道逼迫投敌的刘整建议蒙军包围襄樊。咸淳七年（1271）忽必烈改蒙古国号为大元，第二年建大都（今北京）。咸淳九年（1273）樊城被元军攻破，不久吕文焕以襄阳降元，贾似道获悉后"战眩颠沛，几于无生"。咸淳十年（1274）六月，忽必烈发动灭宋战争。七月，宋度宗病死，年35岁，南宋以度宗年仅4岁的嫡子赵㬎继位。

德祐元年（1275）正月，贾似道上出师表，然后率精兵十三万进至丁家洲（今安徽铜陵东北长江中）。二月二十二日宋元两军在丁家洲决战，宋军大溃。丁家洲溃师后，贾似道请求由殿前都指挥使韩震保护皇帝迁都。这时知枢密院事兼参知政事陈宜中正在清除贾似道在朝中势力，谢太后等宫中势力也不愿迁都。于是陈宜中贬贾似道为高州团练副使，循州（今广东龙川）安置。贾似道行至漳州木棉庵，为押送官郑虎臣所杀。

今天无论是皇家的集芳园还是贾似道的后乐园都已了无痕迹，倒是抱朴道院内出现了与贾似道有关的"红梅阁""半闲草堂"匾额。除此之外，从葛岭向朴抱道院的山路上还有一座半山亭，亭柱镌刻楹联甚多，其中一联称"孤隐对邀林处士，半闲坐论宋平章"。贾似道的败亡，意味着杭州作为南宋都城的使命的结束。而杭州第一次纳入宋朝的版图，又与葛岭东面保俶塔的传说相关。相传吴越国王钱弘俶被宋太祖赵匡胤召到开封，其母舅吴延爽为祈求钱弘俶进京平安而建塔于宝石山巅，该塔也因此称为"保俶塔"。宋代初建时保俶塔为九级砖木结构楼阁式塔，可登高远眺。保俶塔屡毁屡建，元、明、清三朝多次重修，明万历七年（1579）重修时仍为七层重檐楼阁式，乾隆五十四年（1789）重修时曾在塔下发现吴延爽造塔记残碑，当时塔仍有七层木檐。现在的保俶塔高45.3米，底层边长3.26米，外部木构已经不存，仅存砖砌七层实心塔身，为1933年仿古重建，只有1997年重修时更换下来的铁质塔刹是明代遗物。

大宋遗珍西湖十景

西湖：从杭城水源到游赏之地

　　作为中国传统园林景观巅峰之作的杭州西湖主要是南宋的遗产。

　　西湖原是钱塘江入海的湾口处由泥沙淤积而成的泻湖。秦时还没有西湖，杭州市区和西湖一带是钱塘江的入海口，一片江海相连的浅海湾。那时的人口集中在现在灵隐寺东边的山谷，钱唐县治就设在此处。东汉末期钱塘江口泥沙不断堆积，慢慢形成了一片沙洲。居住在钱唐县东部的百姓时常被海水侵袭，不得安生，郡议曹华信主持修筑防海堤塘，原来的海湾由此变成一个湖泊。隋唐时，原来的沙洲与海塘经过反复冲刷堆积而成为陆地，居民聚集而形成聚落，杭州在这时期开始设立，州治建在凤凰山下，这应该是杭州建城的开始。这时的西湖仍称钱唐湖，但随着城市在湖东逐渐成形，白居易开始称钱唐湖为西湖。

　　由于城内常受钱塘江咸水入侵，这时西湖的主要功能是为杭城百姓提供淡水水源，所以才有李泌开凿六井。白居易出守杭州时，他在西湖（上湖）与下湖之间修筑了一条白沙堤，用来调节西湖水位、解决农田的灌溉问题。唐代白沙堤在宝石山东麓，随着下湖的消失，白沙堤已经不存，后来杭人将连接孤山的湖堤称

孤山白苏二公祠

为白堤以纪念白居易。白居易还写下了"最爱湖东行不足，绿杨阴里白沙堤"(《钱塘湖春行》)这样著名的西湖诗句，西湖在白居易眼中已是一道美丽的风景线，但直到这时西湖的主要功能仍是提供饮用水与灌溉水源，西湖山水也保留着朴野自然的风貌，并无铅华媚态。北宋的苏轼修筑连通南北的长堤时，在堤上遍植桃柳，形成"苏堤春晓"这一标志性的桃红柳绿的景观，他在湖中设立的三座小石塔后来也成为西湖十景之"三潭印月"。但无论苏轼如何将西湖景观化，无论"淡妆浓抹总相宜"的诗句如何将西湖景观意境化，苏堤与三潭本身都是功能性的工程，而非单纯的园林景观项目。

只有在南宋，西湖才在整体上成为都市人群游赏的对象。宋室南渡定都临安，杭州得天时、地利、人和，成为当时最富贵繁华之地，有"销金窝儿"之称。在社会经济高度繁荣与国势羸弱的矛盾的时代背景下，西湖成了芸芸众生安逸享乐的温床。在南

孤山白苏二公祠内西湖全景图

宋人眼里，"西湖天下景，朝昏晴雨，四序总宜"，南宋的西湖是临安百姓玩乐、节庆、笙歌、礼佛的公共园林，与杭城百姓的生活紧密相连。比如宝庆三年（1227）上巳节有一次非常轰动的游乐活动，知临安府袁韶"招从班十三人修禊事于西湖"，那日游赏西湖的情形真可谓繁复而尽兴：

> 今日之游，群贤毕至，举觞张圃之池，舣棹苏堤之柳，谒先贤之祠，仰千载之风。羽衣蹁跹，抱琴而来，弹有虞南薰之歌，弄空山白云之操。已而联辔孤山之馆，引满海棠之下。是日也，晓烟空濛，昼景澄豁。睹物情之咸畅，喜春意之日新。却弦断管，一尘不侵。越嶂吴山，尽入清赏。凡贩夫所粥，毕售于公。左右游桡，不令亦舞。此京尹之仁，都民之和，而太平之观也。于是乐甚献酬，

交举或哦坡仙之什,或论晚唐之诗。颓然西景,放舟中流。

游赏已经成为南宋时杭州西湖最主要的社会功能。于是皇室与达官贵人纷纷占据湖山修筑园林,艺术家们更以西湖山水入画、入诗,并创造出西湖十景的题名,从而又完成了杭州西湖园林化、景观化与意境化的进程。西湖十景不但是这个进程的最终结果,并且在南宋以后进一步升华为特定的文化与精神的符号。

南宋西湖的景观化

　　南宋时皇室与达官贵人纷纷在西湖四周占地构建富丽精致的园林，结果使杭州西湖在整体上构成一个巨型的园林景观。

　　南宋时皇家园林遍布杭城各地，其中西湖边有聚景园、屏山园、四圣延祥园等。聚景园是宋孝宗致养之地，光宗、宁宗也经常光临，西湖十景之"柳浪闻莺"即指此园。聚景园地处西湖东南，规模十分宏大，东起流福坊，西邻西湖，南至清波门，北至涌金门。此处可全览湖山之胜，将孤山、北山、苏堤、西山及保俶、雷峰诸塔尽收眼底。园内有景观建筑会芳殿、瀛春堂、揽远堂、芳华亭、花光亭（八角亭）及柳浪、学士二桥等。聚景园四季有景，《咸淳临安志》就形容"夹径老松益婆娑，每盛夏芙蓉弥望，游人舣舫绕堤，外守者培桑莳果"，又有瑶津、翠光、桂景、艳碧、凉观、琼芳、彩霞、寒碧、花醉、澄澜等名目。

　　《武林旧事》记载了孝宗邀太上皇与太上皇后一起游览聚景园的盛况。在遍游聚景园各景之后，太上皇等又坐船游湖至断桥，孝宗在游船上为太上皇、太上皇后祝酒。高宗在断桥上还遇见了"卖鱼羹人宋五嫂"，她对高宗说自己是"东京人氏，随驾到此"，高宗把宋五嫂请上船，"念其年老，赐金钱十文、银钱一百文、

宋画《望贤迎驾图》(一般认为黄盖红衣为宋孝宗,红盖白衣为宋高宗)

今天从西湖山庄南望孤山，相当于南宋从贾似道后庆园面对孤山四圣延祥园

绢十匹"，还允许她向皇宫提供宋嫂鱼羹，"仍令后苑供应泛索"，这就是杭州名菜宋嫂鱼羹的来历。这一次赵构玩的特别尽兴，返程时已经喝醉。孝宗奉侍高宗游览聚景园引起杭州全城轰动，大家都赞叹孝宗的孝顺，时人为此填词《壶中天慢》，其中就有"两世明君，千秋万岁，永享升平乐"之句。

南宋时孤山有四圣延祥观与西太乙宫两座道观，四圣延祥观奉祀紫微北极大帝之四将即天蓬、天猷、翊圣、真武大元帅真君，西太乙宫则供奉太乙十神真群。在两个道观之间又有皇家园林四圣延祥园。延祥园位置极佳，南宋时即有"西湖胜地，惟此为最""此湖山胜景独为冠"的说法。延祥园以林逋墓为核心，内有黄庭殿、香月亭、六一泉、陈朝桧等景观。黄庭殿是一座多层建筑，可俯瞰西湖，为全园主体建筑，殿内有著名画家萧照的山水画。香月亭在林逋墓侧，旁环植梅花，亭中大书"疏影横斜水清浅，暗香浮动月黄昏"之句。六一泉是孤山一处泉井，苏轼为纪念恩师欧阳修而命名"六一泉",并于泉上建石室,南宋末年重修其亭,以太湖石为柱梁。

此外,南宋时净慈寺后也有皇家园林屏山园,开庆年间屏山园扩建,范围延伸至雷峰山下,理宗时更名为翠芳园。屏山园"内有八面亭堂,一片湖山,俱在目前",是南宋观观赏湖景的另一处胜地。

南宋时西湖四周遍布达官遗人的园林。其中出钱塘门往西湖北山一带,有古柳林、和王杨存中的云润园,九曲墙下嗣秀王赵伯圭的择胜园,附近郦王刘光世的隐秀园、玉壶园,昭庆寺(今少年宫)侧的谢太后府园。断桥附近有内贵张太尉的总宜园、杨存中的水月园、嗣秀王赵伯圭的秀王府园。往西至葛岭中段有权相史弥远与贾似道的园林,前者称琼华园、半春园、小隐园,后者称后乐园、养乐园,贾似道还占据了西泠桥南孤山一带的水竹院落。此外葛岭一带有赵婉容的快活园、廖莹中的寥花洲园,近苏堤又有裴禧的裴园,水仙王庙前杨附马的挹秀园、刘光世的秀野园等。再往西至赵公堤则有乔幼闻的乔园、史微孙的史园及适安园(万花小隐园)。如果往西深处到九里松一带,又有尚书苏仲虎的香林园、蕲王韩世忠的斑衣园。从九里松折返稍南至大麦岭一带,则有内侍卢允升的卢园、杨存中的梅坡园以及福王赵与芮的小水乐园。

出涌金门往西湖南山一带,除皇室的聚景园与屏山园,又有柳洲寺侧杨存中的环碧园、养鱼庄,万松岭内侍王氏的富览园,长桥南御赐的韩侂胄南园,雷峰塔一带循王张俊的真珠园、内侍甘升的湖曲园,九曜山方家峪一带(今太子湾公园)有内侍刘公正的刘氏园,南高峰下还有最后为贾似道占有的水乐洞园。

权臣韩侂胄的南园、贾似道的后乐园原本都是皇室御园,后来就成为最奢华精美的私家园林。不过对于西湖的景观化来说,最重要的不是任何单体园林的华丽雅致,而是足够的密集度让西湖本身成为一个巨型的园林。

附：周密《武林旧事》卷七《乾淳奉亲》节选

淳熙六年三月十五日，车驾过宫，恭请太上、太后幸聚景园。次日，皇后先到宫起居，入幕次换头面，候车驾至，供泛索讫，从太上、太后至聚景园。太上、太后至会芳殿降辇，上及皇后至翠光降辇，并入幄次小歇。上邀两殿至瑶津少坐，进泛索。太上、太后并乘步辇，官里乘马，遍游园中，再至瑶津西轩，入御筵。至第三盏，都管使臣刘景长供进新制《泛兰舟》曲破，吴兴祐舞，各赐银绢。上亲捧玉酒船上寿酒，酒满玉船，船中人物，多能举动如活，太上喜见颜色。散两宫内官酒食，并承应人目子钱。遂至锦壁赏大花，三面漫坡，牡丹约千余丛，各有牙牌金字，上张大样碧油绢幕。又别翦好色样一千朵，安顿花架，并是水晶玻璃、天青汝窑金瓶。就中间沉香卓儿一只，安顿白玉碾花商尊，约高二尺，径二尺三寸，独插"照殿红"十五枝。进酒三杯，应随驾官人内官，并赐两面翠叶滴金牡丹一枝、翠叶牡丹沈香柄金彩御书扇各一把。是日知阁张抡进《壶中天慢》云："洞天深处，赏娇红轻玉，高张云幕，国艳天香相竞秀。琼苑风光如昨，露洗妖妍，风传馥郁，云雨巫山约。春浓如酒，五云台榭楼阁。 圣代道洽功成，一尘不动，四境无鸣柝。屡有丰年天助顺，基业增隆山岳。两世明君，千秋万岁，永享升平乐。东皇呈瑞，更无一片花落。"赐金杯盘、法锦等物又进酒两盏，至清辉少歇。至翠光登御舟，入里湖，出断桥，又至珍珠园，太上命尽买湖中龟鱼放生，并宣唤在湖卖买等人。内侍用小彩旗招引，各有支赐。时有卖鱼羹人宋五嫂对御自称："东京人氏，随驾到此。"太上特宣上船起居，念其年老，赐金钱十文、银钱一百文、绢十匹，仍令后苑供应泛索。时从驾官丞相赵雄、枢密使王淮、参政钱良臣并在显应观西斋堂侍班，各赐酒食、翠花扇子。至申时御舟捎泊花光亭，至会芳少歇。时太上已醉，官里亲扶上船，并乘轿儿还内。都人倾城，尽出观瞻，赞叹圣孝。

西湖景观的意境化

南宋时期西湖四周遍布园林，奠定了西湖的景观基础。但是西湖十景的定型，还需要这些景观完成一个意境化的过程。

西湖景观的意境化，主要体现在西湖十景的提炼与西湖诗画的持续涌现。"西湖十景"题名最早出现在南宋文献，是绘画因素与风景审美创造性结合的产物。南宋祝穆《方舆胜览》记载西湖"山川秀发，四时画舫遨游，歌鼓之声不绝。好事者尝命十题，有曰：平湖秋月、苏堤春晓、断桥残雪、雷峰落照、南屏晚钟、曲院风荷、花港观鱼、柳浪闻莺、三潭印月、两峰插云"，这是"西湖十景"在文献中的首次出现。吴自牧的《梦粱录》进一步指出，西湖十景是作为绘画题名而出现："近者，画家称湖山四时景色最奇者有十，曰：苏堤春晓、麹院荷风、平湖秋月、断桥残雪、柳浪闻莺、花港观鱼、雷峰夕照、两峰插云、南屏晚钟、三潭映月。春则花柳争妍，夏则荷榴竞放，秋则桂子飘香，冬则梅花破玉，瑞雪飞瑶。四时之景不同，而赏心乐事者亦与之无穷矣。"

"西湖十景"的单个景观在北宋时期已见于画家笔下，如明人《天水冰山录》中称，宣和年间的翰林待诏张择端画过一幅《南屏晚钟图》。南宋迁都临安，精于书画的宋高宗也喜绘西湖山水图，

刘松年《西湖四景图》之一（藏于故宫博物院）

元代庄肃《画继补遗》记载宋高宗"时作小笔山水，专写烟岚昏雨难状之景，非群庶所可企及也。予家旧藏小景横卷，上亲题'西湖雨雾'四字"。绍兴十六年（1146）宋高宗在南山万松岭麓重建画院，这里环境清幽，毗邻西湖，开启了轰轰烈烈的西湖图绘制之风，有学者甚至认为西湖十景最初就是南宋画院考试中出现的考题。此后陈清波绘制了《三潭印月图》《苏堤春晓图》《断桥残雪图》《曲院风荷图》《南屏晚钟图》《雷峰夕照图》，刘松年也有《西湖四景图》。南宋中后期，西湖十景已经成为完整的固定的绘图题材，出现了马麟的《西湖十景册》与叶肖岩的《西湖十景图册》，李嵩的《西湖图》则从皇城的视角绘制了西湖全景图。

现存传为南宋的西湖图包括刘松年《西湖四景图》、李嵩《西湖图》、美国弗利尔艺术馆藏《西湖清趣图》以及叶肖岩《西湖十景图册》。刘松年是绍熙年间（1190—1194）的画院待诏，因居于俗称"暗门"的清波门附近而人称"暗门刘"。《南宋院画录》著录刘松年西湖山水图多幅，其中《西湖春晓图》被誉为"笔法秀美，设色古雅，堪与赵千里《桃源问津卷》相伯仲"。《西湖四景图》又称《四景山水图》，现藏北京故宫博物院，绢本浅设色，每幅纵约41厘米、横约69厘米。此图撷取桃花垂柳、纳凉水阁、秋山红叶与松柏雪竹作为季节景观，描绘湖畔春行、纳凉远眺、虚堂闲坐、骑驴冒雪等西湖四季人文景观。组画将四季特征与人物活动融合得极为妥贴，近中景景物描绘细而不拘，远山与湖水则以虚旷笔墨略约带过，极具西湖山水、亭园、人物情致，显示了画家对西湖景观的细致体察与深湛表现功力。

　　李嵩是光、宁、理三朝画院待诏，现藏上海博物馆的纸本水墨《西湖图》被归于李嵩名下。《西湖图》纵27厘米、横80.7厘米，画卷中烟云明没，山色依稀，气势旷远，在一片湿润淋漓的雾霭下面，西湖边上的宝塔、桥垣、扁舟、楼亭，还有环湖的群

传李嵩《西湖图》

峦，慢慢显出轮廓。画家采用了全景画法，似著身空中，俯瞰而下，巧妙地将个别景致略加调整，以求更合于构图韵致，使保俶、雷峰两塔遥遥相对，诸名胜奇景尽收眼底。画幅正中央，是群山环抱的外湖，亦是经意留出的空白。湖上风吹涟漪，浪遏飞舟，虚实相映，处理精到。近景湖滨上，用坚挺的界画笔法勾出楼阁屋宇，自左向右一字排开，形断势连，从而挽住湖水，使其显出回旋之势；也为全画空间层次定调妙笔。湖的左边，在散点叠染绘出的树丛之上，雷峰塔脱颖而出，塔下楼宇遍布，行笔纤细沉着。湖的右边，跨过断桥白堤，是孤山景色。此处笔调略虚，树丛皆以湿笔积染而成，浓重郁茂，得其生气。从孤山隔湖右望，画家以凝练之笔，纵横运转，写出层层亭阁。其后，山林掩映，笔法为破墨点染，浓淡相宜，并渐与湿笔抹出的远山融汇为一。

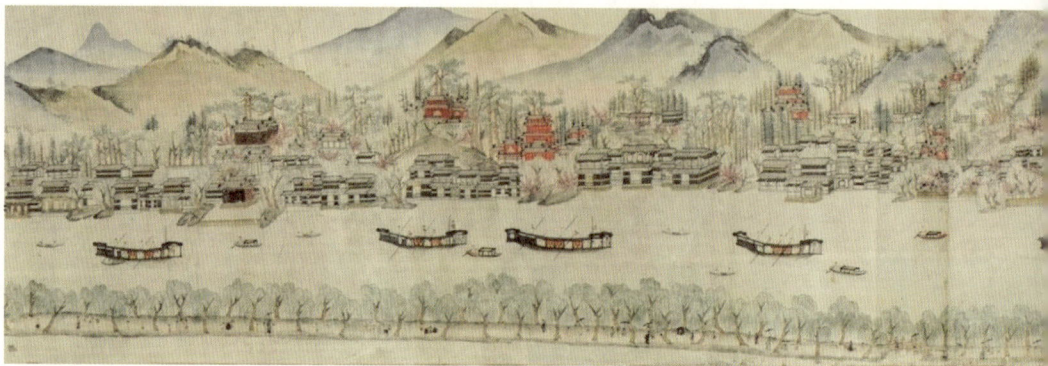

西湖清趣图局部

　　画幅远景的处理别具匠心，十分精彩。屋楼亭阁，只简笔表其形；竹林峰峦，亦淡墨略出其意；中留空白，实为烟云之路。所以笔墨无几，而气韵万千。及至湖水彼岸，那苏堤春晓景点之上，画家只略写五桥，随即深入远景刻画。用笔长驱直入，挥洒自如，于经意不经意之间，以看似杂乱之枯笔画出峦上远树，再以俊逸湿笔染出迷蒙的远山，将天高湖远、云锁雾罩的感觉表达得淋漓尽致。纵观全图，山色与笔墨同行，湖光与灵气俱化。这里有板实的楼台、宝塔，有沉郁的峰峦、丛树，还有空灵的烟波、云气，种种因素合于一起，结体自然，巧契天机，使人有如亲临其境，不觉悠然神往。这种高度写实又极富变化的绘画作品被认为是南宋画院大师的艺术本色。但是也有学者认为《西湖图》创作于吴门画派兴起后的明代中期，画幅尾部有一极小款识"李嵩"是伪款。

　　《西湖清趣图》总长竟在16米，是现存唯一描绘环西湖宅邸、店铺、街道等城市景观的画作，虽然被认为是创作于明末清初的苏州地区，但也有学者指出，从西湖印象、城门形制、桥梁道路、湖堤水闸、防火备警、引水工程、酒楼广告、舆服风尚、王府仪制乃至园林景观等图画细节出发，参照相关文献和考古实证，《西湖清趣图》所表现应该是南宋晚期的西湖人文景观，即便是明代或更晚的作品，也应严格参考了早期的"粉本"。

　　至于《西湖十景图》，虽然南宋的僧若芬、马麟、陈清波等人都曾画过，现存只有藏于台北故宫博物院署名叶肖岩的一套《西湖十景图册》。此册画风为马夏一派，笔墨较为粗疏，所绘景观未必是西湖实景，但内容确凿无疑就是西湖十景，特别是两峰插云与三潭印月，南、北高峰上两座佛塔与湖中三座小塔赫然在目。

　　除了西湖景观图与西湖十景的命名，南宋也出现了吟咏西湖十景的组诗、组词，包括著名的王洧《湖山十景诗》与周密《西湖十景词》。诗词、绘画、题名的结合，说明西湖十景在南宋已经完成了其意境化、意象化的过程。

　　意境化意味着具体的物质形态升华为特定的精神文化的理念与意识，从而积淀为文化基因，超越时空地流传于人们的精神世界中。沧海桑田，世事无常。元代侵占西湖的现象愈演愈烈，田汝成《西湖游览志》中提到，苏堤以西的内湖，高处变为田地，低处变为鱼塘，苏堤东侧也被围垦和杂草占据，仅剩一条狭窄水道。因此明代不少杭州官员都提出疏浚西湖，正德三年（1508）杭州知府杨孟瑛力排众议整治西湖，疏浚出的淤泥变成了杨公堤。这时南宋时期西湖周围所有的园林景观早已烟消云散，但今天的西湖仍然延续着南宋时西湖十景的景观格局。这是因为南宋时期西湖景观完成了一个意境化的过程，并且凝聚成杭州最重要的文化基因。这种文化基因通过文献的传承成为中国文化重要的精神财富，并在此后的历史中不断地重生、更新、发扬光大。

附王洧《湖山十景诗》与周密《西湖十景词》

王洧《湖山十景》

苏堤春晓
孤山落月趁疏钟，画舫参差柳岸风。莺梦初醒人未起，金鸦飞上五云东。

断桥残雪
望湖亭外半青山，跨水修梁影亦寒。待泮痕边分草绿，鹤惊碎玉啄阑干。

雷峰夕照
塔影初收日色昏，隔墙人语近甘园。南山游遍分归路，半入钱唐半暗门。

曲院荷风
避暑人归自冷泉，步头云锦晚凉天。爱渠香阵随人远，行过高桥方买船。

平湖秋月
万顷寒光一夕铺，冰轮行处片云无。鹫峰遥度西风冷，桂子纷纷点玉壶。

柳浪闻莺
如簧巧啭最高枝，弱柳新缲万缕丝。翠凤不来春又老，声声诉与落花知。

花港观鱼

断汊惟余旧姓传，倚阑投饵说当年。沙鸥曾见园兴废，近日游人又玉泉。

南屏晚钟

涑水崖碑半绿苔，春游谁向此中来。晚烟深处蒲牢响，僧自城中应供回。

三潭印月

塔边分占宿湖船，宝鉴开奁水接天。横玉叫云何处起，波心惊觉老龙眠。

两峰插云

浮屠对立硙崔嵬，积翠浮空霁霭迷。试向凤凰山一望，南高天近北烟低。

周密《木兰花慢·西湖十景》

序

西湖十景尚矣。张成子尝赋《应天长》十阕夸余曰："是古今词家未能道者。"余时年少气锐，谓此人间景，余与子皆人间人，子能道，余顾不能道耶，冥搜六日而词成。成子惊赏敏妙，许放出一头地。异日霞翁见之曰："语丽矣，如律未协何。"遂相与订正，阅数月而后定。是知词不难作，而难于改；语不难工，而难于协。翁往矣，赏音寂然。姑述其概，以寄余怀云。

苏堤春晓

恰芳菲梦醒，漾残月、转湘帘。正翠崦收钟，彤墀放仗，台榭轻烟。东园。夜游乍散，听金壶、逗晓歇花签。宫柳微开露眼，小莺寂妒春眠。

冰奁。黛浅红鲜。临晓鉴、竞晨妍。怕误却佳期，宿妆旋整，忙上雕鞯。都缘探芳起早，看堤边、早有已开船。薇帐残香泪蜡，有人病酒恹恹。

平湖秋月

碧霄澄暮霭，引琼驾、碾秋光。看翠阙风高，珠楼夜午，谁捣玄霜。沧茫。玉田万顷，趁仙查、咫尺接天潢。仿佛凌波步影，露浓佩冷衣凉。

明珰。净洗新妆。随皓彩、过西厢。正雾衣香润，云鬟绀湿，私语相将。鸳鸯。误惊梦晓，掠芙蓉、度影入银塘。十二阑干竚立，凤箫怨彻清商。

断桥残雪

觅梅花信息，拥吟袖、暮鞭寒。自放鹤人归，月香水影，诗冷孤山。等闲。泮寒晛暖，看融城、御水到人间。瓦陇竹根更好，柳边小驻游鞍。

琅玕。半倚云湾。孤棹晚、载诗还。是醉魂醒处，画桥第二，夼月初三。东阑。有人步玉，怪冰泥、沁湿锦鸳斑。还见晴波涨绿，谢池梦草相关。

雷峰落照

塔轮分断雨，倒霞影、漾新晴。看满鉴春红，轻桡占岸，迭鼓收声。帘旌。半钩待燕，料香浓、径远趱蜂程。芳陌人扶醉玉，路旁懒拾遗簪。

郊坰。未厌游情。云暮合、谩消凝。想罢歌停舞，烟花露柳，都付栖莺。重闉。已催凤钥，正钿车、绣勒入争门。银烛擎花夜暖，禁街淡月黄昏。

曲院风荷

软尘飞不到，过微雨、锦机张。正荫绿池幽，交枝径窄，临水追凉。宫妆。盖罗障暑，泛青苹、乱舞五云裳。迷眼红绡绛彩，翠深偷见鸳鸯。

湖光。两岸潇湘。风荐爽、扇摇香。算恼人偏是，萦丝露藕，连理秋房。涉江。采芳遗恨，怕红衣、夜冷落横塘。折得荷花忘却，棹歌唱入斜阳。

花港观鱼

六桥春浪暖，涨桃雨、鳜初肥。正短棹轻蓑，牵筒荇带，萦网莼丝。依稀。岸红遡远，漾仙舟、误入武陵溪。何处金刀脍玉，画船傍柳频催。

芳堤。渐满斜晖。舟叶乱、浪花飞。听暮榔声合，鸥沈暗渚，鹭起烟矶。忘机。夜深浪静，任烟寒、自载月明归。三十六鳞过却，素笺不寄相思。

南屏晚钟

疏钟敲暝色，正远树、绿愔愔。看渡水僧归，投林鸟聚，烟冷秋屏。孤云。渐影，尚残箫、倦鼓别游人。宫柳栖鸦未稳，露梢已挂疏星。

重城。禁鼓催更。罗袖怯、暮寒轻。想绮疏空掩，鸾绡翳锦，鱼钥收银。兰灯。伴人夜语，怕香消、漏永着温存。犹忆回廊待月，画阑倚遍桐阴。

柳浪闻莺

晴空摇翠浪，昼禽静、霁烟收。听暗柳啼莺，新簧弄巧，如度秦讴。谁绸。翠丝万缕，扬金梭、宛转织芳愁。风袅余音甚处，絮花三月宫沟。

扁舟。缆系轻柔。沙路远、倦追游。望断桥斜日，蛮腰竞舞，

苏小墙头。偏忧。杜鹃唤去,镇绵蛮、竟日挽春留。啼觉琼疏午梦,
翠丸惊度西楼。

三潭印月

游船人散后,正蟾影、印寒湫。看冷沁鲛眠,清宜兔浴,皓
彩轻浮。扁舟。泛天镜里,遡流光、澄碧浸明眸。栖鹭空惊碧草,
素鳞远避金钩。

临流。万象涵秋。怀渺渺、水悠悠。念汉皋遗佩,湘波步袜,
空想仙游。风收。翠奁乍启,度飞星、倒影入芳洲。瑶瑟谁弹古怨,
渚宫夜舞潜虬。

两峰插云

碧尖相对处,向烟外、挹遥岑。记舞鸾啼猿,天香桂子,曾
去幽寻。轻阴。易晴易雨,看南峰淡日北峰云。双塔秋擎露冷,
乱钟晓送霜清。

登临。望眼增明。沙路白、海门青。正地幽天迥,水鸣山籁,
风奏松琴。虚楹。半空聚远,倚阑干、暮色与云平。明月千岩夜午,
遡风跨鹤吹笙。

西湖梦寻与十景重建

南宋灭亡后，作为实物的西湖景观虽然时兴时废，作为意境的西湖景观却不断深入世人、特别是士大夫阶层的精神世界。元初出现了《梦粱录》《武林旧事》《都城纪胜》《西湖老人繁盛录》等追怀临安城的遗民作品。元朝刻意破坏南宋皇城与西湖景观。到了明朝，西湖景观不断有所恢复，而且逐渐取代临安而成为士大夫追怀宋文化的特殊符号，田汝成的《西湖游览志》就在这种背景下形成。《西湖游览志》表面上看是一部记述西湖景观的说明书、西湖游览的指南，事实上其记述西湖景观多追述宋朝历史，某种程度上是一部向宋文化致敬的书。这一点清代的四库馆臣就已经指出，《四库全书总目》称《西湖游览志》"虽以游览为名，多纪湖山之胜，实则关于宋史者为多。南宋高宗而后，偏安逸豫，每一篇之中三致意焉"。

到了清初，张岱的《西湖梦寻》不但进一步为西湖注入了故国情怀，更以"梦寻"的名义进一步升华西湖意境。张岱是山阴（今浙江绍兴）人，明末清初著名文学家、史学家。他出生于簪缨世家，兴趣广泛，博览群书，早年纵情于游乐，曾自撰墓志铭称"少为纨绔子弟，极爱繁华，好精舍，好美婢，好娈童，好鲜衣，好美食，好骏马，好华灯，好烟火，好梨园，好鼓吹，好古董，好花鸟，兼以茶淫橘虐，书蠹诗魔，劳碌半生，皆成梦幻"。崇祯八年（1635）张岱参加乡试不第，此后放弃科考终生不仕。明朝灭亡后张岱坚定抗清，但在南明政权趋于覆灭之际避兵剡中。此后张岱一心著述，生活清苦，"年至五十，国破家亡，避迹山居，所存者，破床碎几、折鼎病琴，与残书数帙、缺砚一方而已。布衣蔬食，常至断炊。回首二十年前，真如隔世"。

张岱被举为晚明小品文的集大成者，既是深受儒家经世致用思想熏陶的儒士，又是喜繁华尚奢侈的纨绔公子；既是慷慨激昂的义烈之士，又是明亡后苟且偷生的前朝遗民。《西湖梦寻》是康熙十年（1671）张岱以明朝遗民身份写成，全书七十二则，除第一则总写西湖外，共记述七十一处西湖及周边的名胜。张岱自幼跟随长辈在西湖别业生活，对西湖山水十分熟悉。可以说西湖本是张岱的西湖，他与三五人独享过冬日雪后西湖的孤寂与宁静，偏爱七月的夜西湖月色下的凉意。

当西湖山水遭遇战火的浩劫，张岱便在梦中追寻西湖。西湖累积了千百年丰厚的文化遗产，是唐宋以来中国文化的荟萃之地，一砖一瓦、一草一木中都有说不尽的人文风情。西湖就是一座中国文化的陈列馆，任何一处景观都独立构成一部文化史。无论祠堂陵墓还是道观佛寺，张岱的《西湖梦寻》总能翔实介绍各景点的创建及兴废经过，既有纵向的史实的梳理，又有横向的空间的叙述，既是一部西湖志书，又是一部感性的中国文化史。所以有学者指出，张岱"为西湖各处景致注入新的精神和内涵，提升了其文化品格，让它更有灵性，也更有气质，张岱也成为西湖风景不可缺少的一部分，彼此相互成就，张岱因西湖而不朽，西湖因张岱而生色"。

张岱年轻时发现并砸毁了毁灭临安城、宋六陵与西湖景观的元僧杨琏真迦的塑像，他是明朝遗民、抗清志士、江南士大夫的文化代表，《西湖梦寻》是他追怀故国、从文化上抵制清朝的著作。

对于清朝的统治者来说，以帝国之力再造即使明朝也没有完整呈现过的南宋西湖十景，便是他们征服文化上特别自负的江南士大夫的最好方式。康熙三十八年（1699）第三次南巡时，清圣祖玄烨在江南一路游山玩水，不但为西湖留下了众多题咏，还御题西湖十景。玄烨将"两峰插云"写成"双峰插云"，改"麯院荷风"为"曲院风荷"，"雷峰夕照"变成"雷峰西照"，"南屏晚钟"则成了"南屏晓钟"。这次御题西湖十景就成为再现南宋西湖景观的契机。南宋的西湖十景往往没有具体的地点，只是画家、文人的艺术表现的一种意象，但安置康熙的御碑既需要确切的位置，又需要对应的景观。比如平湖秋月原来只是泛舟赏月，为了竖立御碑，高士奇在白堤旁迁走寺院建造观月平台。柳浪闻莺的柳树在清兵入杭城时早已砍光，高士奇特地在清波门附近密集种植几百棵柳树重建"柳浪"的景观。麯院荷风的麯院元代以后就已衰落，康熙改成"曲院风荷"之后，李卫便建造九曲通幽的院落刻意迎合。

因康熙御题西湖十景而再造西湖景观，可以说是后世第一次整体性恢复南宋西湖景观。此举虽包含着征服汉族文化的意味，但清帝如此痴迷于西湖景观，以至于康熙之后乾隆再下江南，不但为西湖十景各题御诗，还将西湖十景移植到圆明园等京城的皇家园林，简直可以理解为清帝臣服于汉族宋文化。所以清代西湖十景的重建与复制，既是对宋文化的传承，也是中华民族文化大融合的盛事。

南宋的西湖十景

苏堤春晓

元祐五年（1090），苏轼用疏浚西湖时挖出的湖泥堆筑了一条南北走向的长堤，当时即称"苏公堤"。堤上建有六桥，自南向北依次命名为映波桥、锁澜桥、望山桥、压堤桥、东浦桥和跨虹桥。苏堤是跨湖连通南北两岸的唯一通道，穿越了整个西湖水域，也成为观赏全湖景观的最佳地带。苏堤自北宋始建至今，沿堤两侧始终相间种植桃树和垂柳，春季垂柳初绿、桃花盛开，这便是著名的"苏堤春晓"景观。

苏轼熙宁年间出判杭州，元祐年间出知杭州，两次来杭时间虽短，但在救济灾民、疏浚西湖、兴修水利等方面政绩显著，同时醉心于西湖美景，登山涉水，游赏名胜，在杭州留下极其丰富的诗文作品与文化遗产。杭州民众十分感激苏轼的恩德，在其生前便为其立生祠。而杭州也成为苏轼永远的牵挂，身在千里之外的密州时仍然"一岁率常四五梦至西湖上，此殆世俗所谓前缘者"。

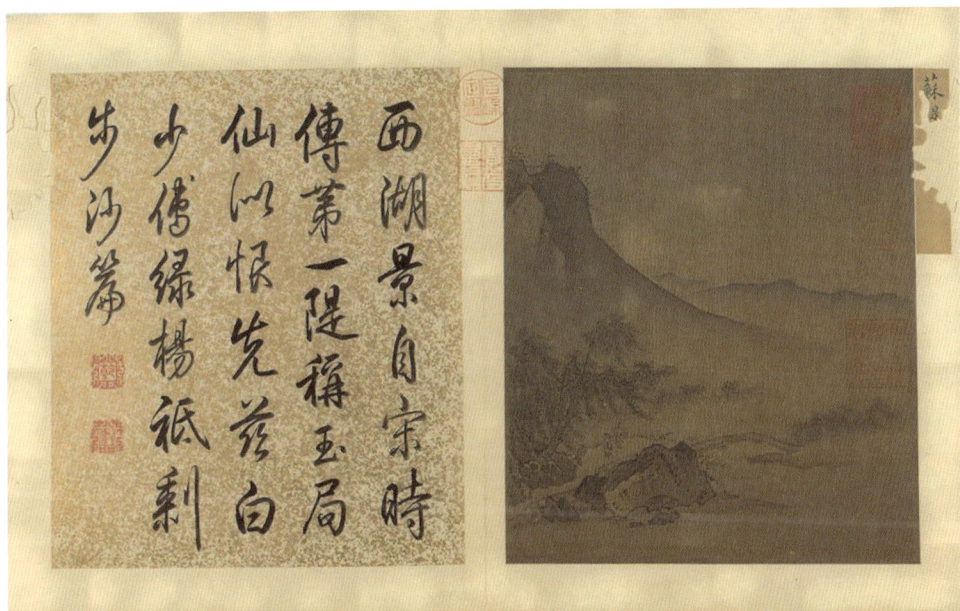

南宋叶肖岩《苏堤春晓》图

西湖与其周边的山岭留下了很多苏轼的足迹。南宋时期，王象之《舆地纪胜》记载，杭州与苏轼有关的景观或文化遗迹包括：西湖、苏堤、东坡庵、参寥泉、六一泉、介亭、竹阁、柏堂、孤山、六井、浮山、中和堂、虚白堂、望湖楼、垂云亭、寒碧轩、横翠阁、风水洞、风篁岭、南漪堂、三贤堂、六观堂、多福寺、江涨桥、虎跑泉、安国寺、洞霄宫、此君轩、野翁亭、玉女岩等。明代田汝成《西湖游览志》对杭州苏轼文化遗迹也有详尽记述。康熙、乾隆下江南时也曾探寻苏公文化遗迹。清嘉庆初，秦观后裔秦瀛曾在浙江出任按察使，在西湖孤山附近修建了苏文忠公祠。

苏堤、六桥在宋代既是西湖的交通要道，又是农业灌溉设施。宋徽宗朝新党对元祐旧党发动攻势，包含苏轼在内的一百二十人被列为"元祐奸党"。苏轼去世一年之后的崇宁元年（1102），宋廷追贬元祐党人，苏轼诗文题刻均遭毁禁。南宋地理书《舆地纪胜》《方舆胜览》还都记载，崇宁五年（1106）吕惠卿出知杭州时曾奏毁苏堤，不知所毁苏堤是指堤上的苏公祠还是长堤本身，但南宋乾道年间孝宗的确"命作新堤"。这两部地理书还记载苏轼所修长堤"自孤山抵北山",最初苏堤似乎与孤山相连,方位与今不同。而孝宗新修长堤"自南山净慈寺门前新路口,直抵北山",结果导致无法从里西湖泛舟抵达北山,"湖分为两,游人大舟往来,第能循新堤之东岸,而不能达于北山",绍熙年间光宗下令将加高长堤两侧的桥拱,船穿高桥始通北山,"始命京尹造二高桥,出北山达于大佛头,而舟行往来始无所碍云"。据此说来,南宋里西湖的北岸如同今天曲院风荷景区,另有堤坝或建筑遮断不能直接抵达北山。

南宋新修长堤仍称苏堤,或许是在北宋苏轼废堤上改建,而且变得热闹非凡,除了交通之便,也日益成为游赏之地。南宋临安府着意将苏堤景观化,曾"修葺西湖南北二山堤上亭馆、园圃、桥道,油饰装画一新,栽种百花,映掩湖光景色,以便都人游玩"。苏堤日益美观热闹,"堤桥成市,歌舞丛之,走马游船,达旦不息",并需随时修理,"岁久弗治,两湖之涛日淫啮之,堤渐廉削","堤间啮于水,郡常随时修治"。其中咸淳五年(1269)知临安府潜说友再次大规模整修苏堤,"运土填洼,益庳高二丈,衷七百五十八丈,广皆六十尺",并且进一步美化苏堤,"堤旧有亭九,亦治新之,仍补植花木数百本"。元朝把南宋覆灭归罪于西湖,从此官府对西湖废而不治,任由豪门占湖为田,基本没有对西湖进行治理,苏堤因湖水浸蚀而严重损还。明成化以前里西湖已变为农田,六桥淤塞严重,"水流如线"。明正德三年(1508)杨孟瑛再次疏浚西湖,"西抵北新堤为界,增益苏堤,高二丈,阔五丈三尺,列插万柳,顿复旧观",这就是杨公堤,但此后再次衰败。

今天的苏堤也是清代重建的结果。康熙三十八年(1699)康熙皇帝巡游西湖、御题西湖十景时书写"苏堤春晓"四字景名,即刻碑建亭,立于苏堤的望山桥和压堤桥之间。清雍正二年(1724)再次修筑苏堤,雍正五年(1727)又于苏堤植花木,"由是十里

苏堤苏轼塑像

杭州苏东坡纪念馆

苏堤介绍碑

苏堤

苏堤春晓御碑

长虹焕成云锦"。此后乾隆题写御诗"通守钱塘记大苏，取之无尽适逢吾。长堤万古传名姓，肯让夷光擅此湖"，并刻于康熙御碑背面。1912年西湖曾伐除杨柳满植桑树，因立即遭到非议又恢复桃柳夹植风貌。

麹院荷风

"曲院风荷"旧题"麹院荷风"。麹院原是宋代官府颇具规模的酿酒作坊，因有金沙涧为酿酒提供了上好的水源，故在今灵隐路洪春桥一带设立酒坊，此地又广种荷花用以制曲酿酒。炎炎夏日，湖中荷花盛开，"四面水窗如染，香波酿春麹"，酒香荷香随薰风盈溢，令人不饮自醉，从而形成了具有嗅觉特征的"麹院荷风"景观。

宋时的西湖面积要比现在大，游船经过苏堤六桥的桥洞可以

南宋叶肖岩《麴院荷风》图

直达洪春桥、九里松一带，游人、香客一般都会在麴院旁的码头下船，步行至湖西山中的灵隐、天竺等地，所以麴院是"灵、竺陆所从入也"。南宋诗人王洧的《曲院风荷》诗描述的傍晚游人自灵隐冷泉一带返回麴院码头时的情景："避暑人归自冷泉，埠头云锦晚凉天。爱渠香阵随人远，行过高桥方买船。"

　　元代西湖淤塞缩小，麴院日渐荒废。明代麴院景观的详情并不清楚，但万历年间的《西湖志类钞》《海内奇观》以及齐民《西湖十景图册》对麴院荷风都有描绘，一般都是曲院水阁、荷叶点点的景观。清代，南宋西湖旧迹多已湮没。为迎接康熙皇帝南巡，地方大吏重建西湖十景，麴院荷风被易地重建于岳王庙前。康熙题写西湖十景时改"麴院荷风"为"曲院风荷"，于是清代于苏堤跨虹桥之北重建的景观突出"曲院"的特点，"引流叠石，为盘曲之势"，根本上改变了原来"麴院荷风"的审美内涵。乾隆十六年（1751）清高宗弘历南巡初识西湖，并题诗为祖父改写景名辩解，称康熙是为倡导戒酒而改"麴院"为"曲院"："九里松

曲院风荷公园

曲院风荷荷花

曲院风荷玉带桥

旁曲院风，荷花开处照波红。莫惊笔误传新榜，恶旨崇情大禹同。"

咸丰末年曲院风荷景观毁于战乱，官宦富豪随之侵园为居，景物凋敝，唯四角歇山的御碑亭尚可辨识，1935年《增订十一版西湖游览指南》记曲院风荷"今惟残址，荷亦少矣"。新中国成立时曲院风荷只剩下一碑一亭半亩地，杭州园林管理局自20世纪60年代开始规划建设曲院风荷公园。今日之曲院风荷比清代大很多，分为风荷、曲院、岳湖、竹素园、滨湖密林五个景区，其中风荷景区建立在清朝旧址之上。

平湖秋月

西湖十景之"平湖秋月"是指秋夜泛舟西湖，观赏湖面如镜倒印月色。叶肖岩《西湖十景·平湖秋月》便描绘此情此景，湖中两叶扁舟，舟上站着划船的船夫和坐在船头赏月的客人，天空一轮圆月，在空中泛起皎洁的光，沿岸也建有华丽的楼阁，被柳

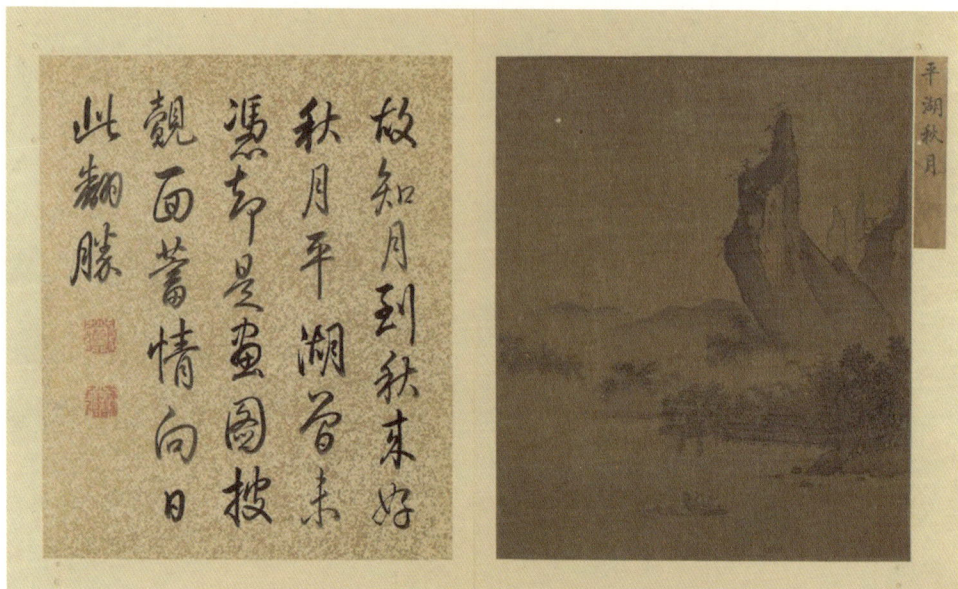

南宋叶肖岩《平湖秋月》图

树和竹子包围着，楼阁前的窗前似乎也坐有赏月之人，依靠着窗栏，共度这平湖佳景。明代以"平湖秋月"为题的版画也多表现泛舟赏月的场景，没有特定建筑的描绘。诗文吟咏此景也是如此，如南宋孙锐诗"月冷寒泉凝不流，棹歌何处泛归舟"，明聂大年诗"曾向湖堤夜扣舷，爱看波影弄婵娟。一尘不动天连水，万籁无声客在船"，都是泛称湖光月色之而无定址。直到康熙二十三年（1684）《浙江通志》的"西湖图"中，孤山与白堤相接处绘有平台及歇山亭仍标为"望湖亭"，而将"平湖秋月"的题名写在湖心开阔处。

但康熙御题西湖十景后，地方大员不得不为竖立"平湖秋月"碑寻找一处西湖赏月的绝佳位置，孤山东麓与白沙堤连接处的望湖亭故址这才成了平湖秋月景点的所在。此处是从杭州城前往孤山的必经之路，游人如织，又可以将东到湖滨、南至南屏、西迄苏堤的整个外湖尽收眼底，而且自唐代就有观景建筑——望湖亭。《西湖游览志》记载：

平湖秋月亭

深入湖面的平湖秋月亭

平湖秋月康熙御碑

望湖亭，唐时在孤山之趾，宋时徙宝石峰。伪周平章张士信所建也。国初，复徙故址，四面玲珑，夏饮最快。

南宋定都临安后，绍兴十四年（1144）开始设皇家道观四圣延祥观，对孤山旧有建筑进行大规模拆迁，望湖亭被迁往宝石山，至明初乃复还故址。明万历至崇祯间望湖亭仍在孤山路口，为单檐或重檐歇山顶，临湖一侧筑有露台，周设石座，可风可月，可肆筵设席，本身就是欣赏湖月的绝佳去处。但清顺治十四年（1657）前后，望湖亭被改为龙王堂。康熙三十八年（1699），已改为龙王堂的望湖亭旧址上建起"平湖秋月"亭，为单层三开间歇山造，四面开敞，亭下为入水平台，四周围以栏杆，龙王堂则迁至亭后。

定址后的平湖秋月景点不断增修、扩建。1959年平湖秋月景点可供游览面积只有0.15公顷，场地局促封闭，不能满足日益增长的游览需求。园林管理部门遂将其西侧的"罗苑"纳入，形成一片狭长的沿湖园林。"文革"期间御碑亭等建筑惨遭破坏。此后经过重建与改造，现在平湖秋月景点游览面积已达0.55公顷，御碑为重刻，重建的"平湖秋月"亭由启功题匾，为两层三开间带副阶周围廊歇山造，延续了民国时期的建筑形象。

断桥残雪

断桥位于杭州北里湖和外西湖的分水点上，东端接北山路，西端接通白堤。"断桥"之名最早出现在唐代张祜《题杭州孤山寺》"断桥荒藓涩，空院落花深"。

断桥离杭城很近，明代张京元《断桥小记》就称"西湖之胜在近，湖之易穷亦在近。朝车暮舫，徒行缓步，人人可游，时时可游"。北宋范仲淹就有《春日游湖》诗吟咏断桥观湖："湖边多少游观者，半在断桥烟雨间。尽逐春风看歌舞，几人着眼看青山。"南宋时断桥周边酒肆歌楼林立，上至帝王将相、达官贵人，下至平民百姓、三教九流，无不汇聚于此。周密《武林旧事》记载"桥上少年郎，竞纵纸鸢，以相勾引，相牵剪截，以线绝者为负，此虽小技，亦有专门。爆仗、起轮、走线之戏，多设于此，至花影暗而月华生，始渐散去"，可见热闹非凡，而至今断桥风筝争奇斗艳仍是春天西湖的一大景观。明代以降，张岱描述"及至断桥一望，凡昔日之弱柳夭桃、歌楼舞榭，如洪水湮没，百不存一矣"，断桥的市井繁华有所消减，但士大夫似乎越来越偏爱断桥，李流芳甚至说"往时至湖上，从断桥一望，便魂销欲死"，又题句称"十里西湖意，都来在断桥"。明清士大夫似乎一年四季都爱在西湖断桥与友人泛舟湖上，吹箫弄笛，饮酒唱和，进行各类文娱活动。

断桥的爱情故事也兴起于南宋。断桥最著名的爱情故事当然

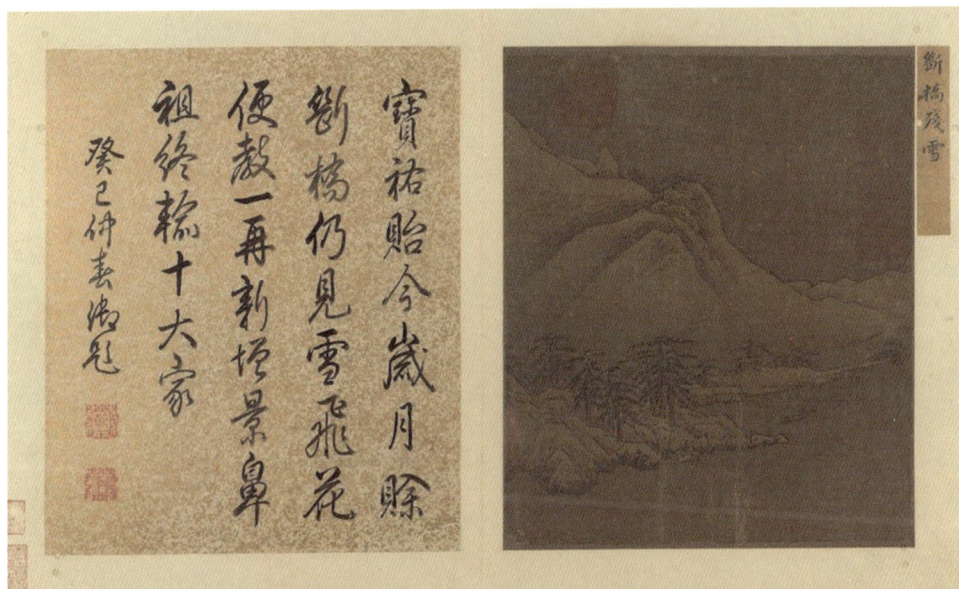

南宋叶肖岩《断桥残雪》图

是《白蛇传》中许仙与白娘子断桥相会,这个故事的完整版本《白娘子永镇雷峰塔》最早出现在冯梦龙《警世通言》中,不过在其故事的源头之一宋元话本《西湖三妖记》中,许仙的原型奚宣赞就是在断桥遇见三妖,并且准确地讲出了断桥就是四圣延祥观:"奚宣赞得了妈妈言语,独自一个拿了弩儿,离家一直出钱塘门,过昭庆寺,往水磨头来。行过断桥四圣观前,只见一伙人围着,闹烘烘。宣赞分开人,看见一个女儿。"此后元代杨维桢有一首《断桥有柱是侬心》的竹枝词:"楼船无舵是郎意,断桥有柱是侬心。"内容贴近生活,形式清新自然,在东南流传甚广。

西湖十景的命名对仗工整,富有意境,如"柳浪闻莺"对"花港观鱼","雷峰夕照"对"南屏晚钟","两峰插云"对"三潭印月"。同时也选取了春夏秋冬四季的景致,"苏堤春晓""麴院荷风""平湖秋月""断桥残雪"都带有鲜明的季节特色。不过其中"平湖秋月"原本泛指游湖赏月而没有确切的地址,那就使得指定到断桥观赏残雪显得不近情理,毕竟杭城何处不飞雪,何苦对游人踏乱的残

断桥

孤山放鹤亭

孤山中山公园

雪情有独钟？

　　断桥是出钱塘门至孤山的必经之路，孤山因为有林逋梅妻鹤子而成为赏梅胜地。高宗时建四圣延祥观，孤山一带寺院、陵墓皆迁至他处，唯独林逋墓仍作为景点予以保留，与林逋墓相邻的香月亭环植梅花，亭中大书林逋名句"疏影横斜水清浅，暗香浮动月黄昏"为楹联。孤山在南宋时即是赏梅胜地，虽然香月亭一带属于皇家园林四圣延祥园，一般文人雅士不得而至，但孤山的西泠桥一带未划入御园。绍熙五年（1194）姜夔就两次于此处组织赏梅雅集，宋末董嗣杲《西湖百咏·西林桥》有"隔墙莫是神仙宅，红白梅花五百株"之句，说明文人士大夫喜好往西泠桥踏雪寻梅。所以可以想象，踏过断桥残雪，孤山雪梅即在眼前，所以或许可以将"断桥残雪"理解为孤山赏梅的起兴之辞。

柳浪闻莺

柳浪闻莺出自南宋清波门外的皇家园林聚景园，园内层楼叠榭，亭桥通幽，遍植垂柳，而以柳浪摇曳、莺啼婉转而闻名，所以叶肖岩《西湖十景·柳浪闻莺》绘有城门（清波门）与湖岸柳林。宋末元初，聚景园改名为"散景园"，其南侧一带被辟为随

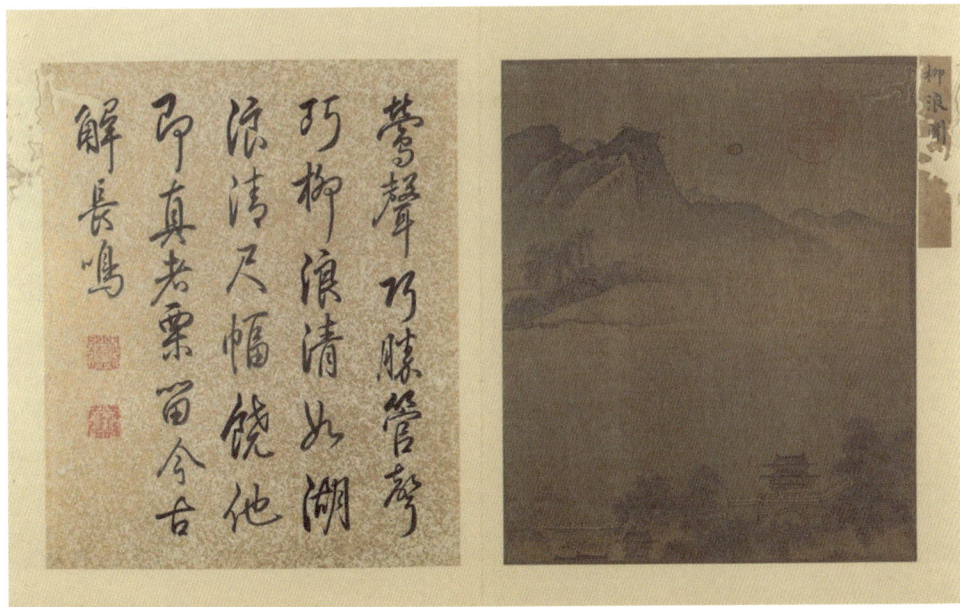

南宋叶肖岩《柳浪闻莺》图

柳浪闻莺公园

闻莺馆

丁鹤年墓

柳浪闻莺公园新横河桥

蒙元铁骑南下迁居杭州的回民墓地，巨商阿老丁与回回诗人丁鹤年即葬于此，所以这里又俗称回坟。这时的柳浪闻莺景观已为荒芜淤塞的沼泽水塘所取代，灵芝寺、显应观等南宋寺观早已毁弃。到明代中叶，当年蔚然大观的柳浪闻莺胜景只剩下柳浪桥、华光亭两处破旧陈迹。清初钱塘诗人徐逢吉《少年游》描写柳浪闻莺"蛇蟠智井，狐窜破冢，辇路已全荒。燕子飞来，桃花不语，

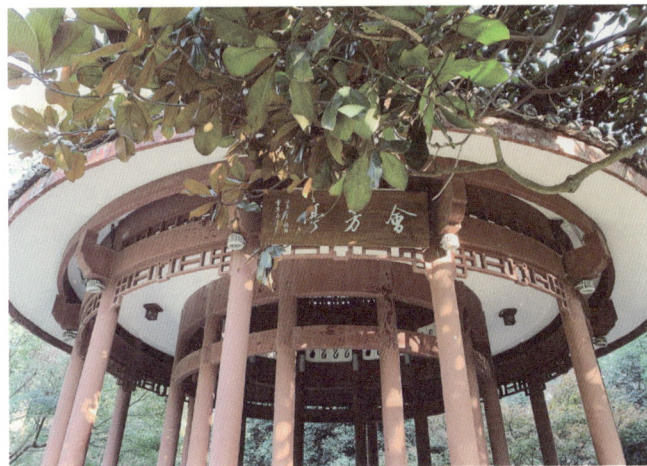

柳浪闻莺会芳亭

"阅过几沧桑",可见凄惨荒凉。

清雍正年间李卫疏浚西湖,重修柳浪闻莺旧景并立康熙御碑。新中国成立时柳浪闻莺再次荒芜,仅存御碑、石碑坊、石亭,表忠观(钱王祠)仅存旧屋一区,附近居民干脆称此地为"坟山寨"。今天的柳浪闻莺公园是1959年以来不断开发建设的结果,在西湖东岸钱王祠门前水池北侧约50米的濒湖一带,占地约21公顷,分友谊、闻莺、聚景、南园四个景区。柳浪闻莺的景观仍以青翠柳色和婉啭莺鸣为主题,沿湖千米长堤与园内主干道遍种垂柳、狮柳、醉柳等各色柳树,又辟闻莺馆与巨型网笼"百鸟天堂"。

花港观鱼

南宋"花港观鱼"原是宋理宗时内侍官卢允升的别墅"卢园"。文献上对卢允升的记载不多,主要是他依附理宗的宠臣董宋臣侵

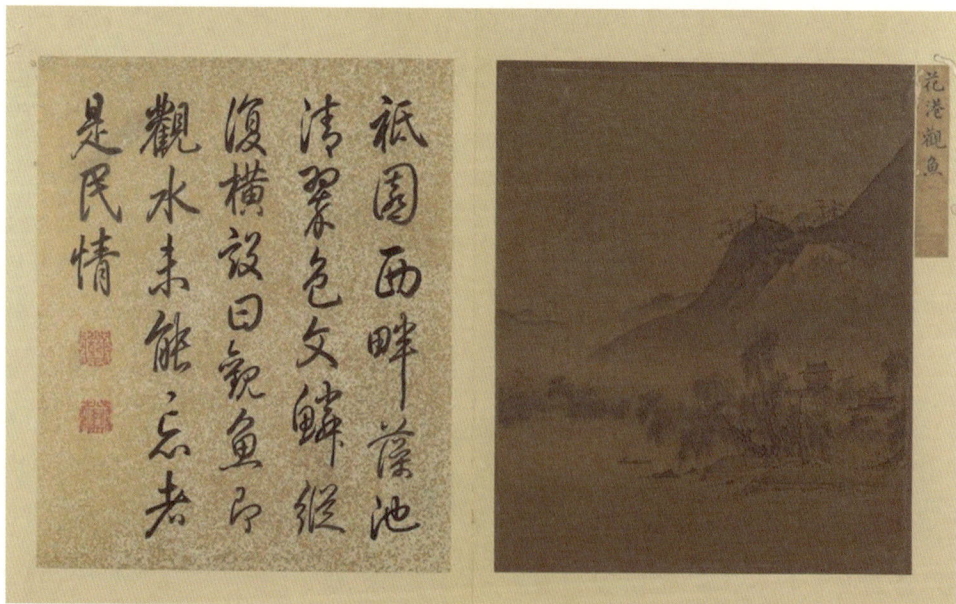

南宋叶肖岩《花港观鱼》图

花港观鱼公园

花港观鱼牡丹亭

花港观鱼文保碑

占民田、贪图富贵而遭洪天天锡弹劾之事。从洪天锡弹劾内容来看，卢允升应该是修内司主管宫殿修缮的内臣，所以他的别墅修缮的"景物奇秀"亦不足为奇。

南宋时卢园背靠着花家山，有"花溪"从花家山经此流入西湖，园内架梁为舍，叠石为山，凿地为池，立埠为港，畜养异色鱼类，广植草木，故名"花港观鱼"。南宋临安志的《西湖图》标注花家山在丁家山北，文献又记载花港观鱼在"苏堤第三桥曰望山，与西岸第四桥斜对水"，所以"花港观鱼"原来应该在今天丁家山西湖国宾馆的北角，苏堤望山桥的西北对岸。叶肖岩所画的《西湖十景·花港观鱼》图中可见画面近处寺宇掩映于柳林之间，湖中一人泛舟，悠游自得，湖面上画点点皴法，似为荷叶的意象，其画面视角应是卢园向东望。画面最后方的山为将台山一带，画家刻意地将山势抬高，峭峰直下，不见其顶，以完善整体画面构图。

宋理宗病逝后，卢园废弃，

王洧作《湖山十景诗》时"花港观鱼"已不复当年："断汉惟余旧姓存,倚阑投饵说当年。沙鸥曾见园兴废,近日游人又玉泉。""花港观鱼"在明代似乎没有作为景点重修,只是仍常见于文人墨客的书画作品。康熙南巡御题后,在苏堤映波桥和锁澜桥之间的定香寺故址上重新砌池养鱼,筑亭建园,勒石立碑,"花港观鱼"景观得以重建。乾隆下江南游湖时又有题诗"花家山下流花港,花著鱼身鱼嗡花"刻于康熙御碑阴面。

今天的花港观鱼景区在苏堤南端西面,小南湖与西里湖之间,新中国成立后经过多次扩建,现在已是占地20公顷的大型公园。1952年,在清代"花港观鱼"基础上,利用原有的几座私家园林以及优越的环境条件、高低起伏的地形,建造了金鱼池、牡丹园、大草坪,整修蒋庄、藏山阁,新建茶室、休息亭廊等,初步建成以花、港、鱼为特色的园内景点。1960年代花港观鱼景区进行第二期扩建工程,面积扩大至旧园的近100倍。花港观鱼的园林设计是中国现代风景园林之父孙筱祥的处女作与成名作,继承和发展中国园林艺术的优秀传统,在空间结构上的设计层次变化丰富,园林布局由牡丹园、鱼乐园、花港和大草坪等四部分组成,园内另有马一浮纪念馆等人文景观。全园以港为主体,把假山、池沼、亭台、水榭、小桥、游鱼、花草、人流放置在一个大的环境之中,园内模山范水,巧于因借,并配置亭台楼阁,花廊水榭,自然空间组织开合收放,虚实相间,互为衬托,聚散有变,景观节奏清晰,富有诗情画意。

雷峰夕照

雷峰夕照位于西湖南岸的夕照山一带,以黄昏时的山峰古塔剪影景观为观赏特点。开宝九年(976),吴越国王钱弘俶决定向宋称臣,宋太祖封钱弘俶夫人孙太真为王妃。这年孙太真去世,次年宋太宗谥孙太真为皇妃。这时钱弘俶为供奉佛螺髻发舍利而

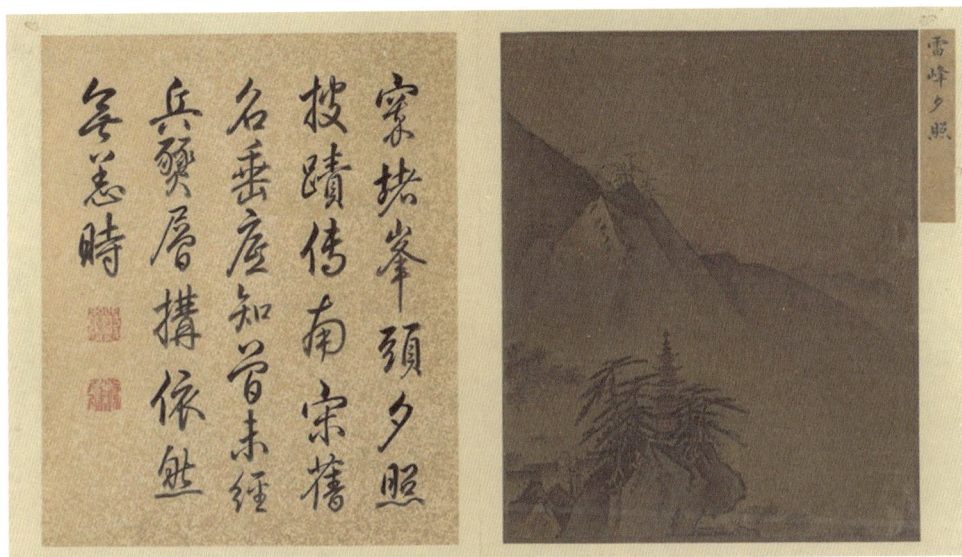

南宋叶肖岩《雷峰夕照》图

《华严经跋》残碑

在西湖南端的中峰山修建的佛塔刚刚建成。该塔原似建13层，因时事动荡，财力不济，改建7层。塔所在的夕照山因在西湖众山环抱之中而称中峰、回峰，回、雷字形相近，故称雷峰塔。这时钱弘俶为孙太真去世而悲伤，又为宋太宗谥"皇妃"而感激，故又称雷峰塔为"皇妃塔"。后来钱弘俶纳土归宋，不久暴卒，宋太宗又下令将吴越原境内有关钱氏的石刻全部铲除，"皇妃塔"之名也被摘除。1999年杭州重建雷峰塔后曾对遗址进行考古发掘，出土《华严经跋》残碑有"塔因名之曰皇妃云"之语，从而证实了雷峰塔故名"皇妃塔"。雷峰夕照的景观在隐士林逋的《中峰诗》中就已出现："中峰一径分，盘折上幽云。夕照全村见，秋涛隔岭闻。"雷峰夕照之后成为西湖十景之一，与这首诗有很大的关系。

雷峰夕照

雷峰塔

雷峰塔倒塌遗迹

雷峰塔夕照亭（御碑亭）

雷峰夕照御碑

雷峰塔地宫出土螺髻发舍利塔

　　雷峰塔在北宋宣和二年（1120）战乱中遭到严重损坏，塔院及塔身的木构建筑被焚毁，南宋乾道七年（1171）至庆元元年（1195）对雷峰塔进行全面重修。五代时雷峰塔有七层八面，南宋重修后改为五层。明嘉靖三十四年（1555），倭寇入侵杭州，疑塔中有伏兵，纵火焚烧雷峰塔。倭寇犯杭时塔檐被烧，仅存砖构塔身，雷峰塔因此也被称为西关砖塔。明朝末年，剧作家冯梦龙在短篇小说集《警世通言》中收录了今天家喻户晓的《白娘子永镇雷峰塔》的民间故事。1924年9月25日雷峰塔因年久失修轰然坍塌，鲁迅先生为此撰写了著名的杂文《论雷峰塔的倒掉》。

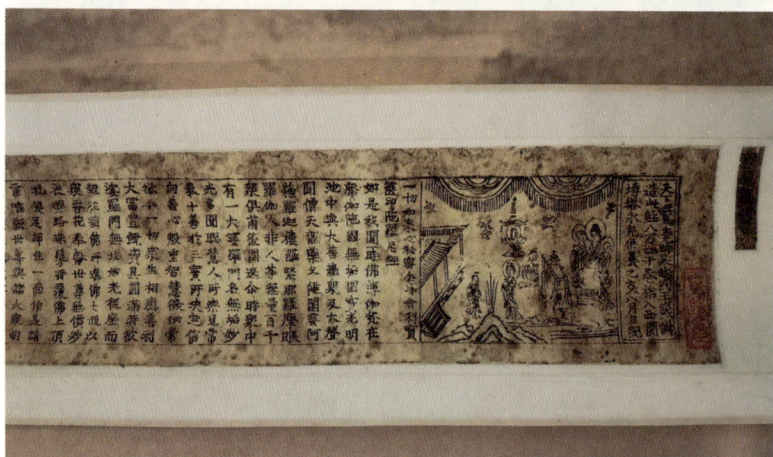

雷峰塔砖与塔砖内经文

雷峰塔倒掉时，发现砖孔内有北宋开宝八年（975）吴越国王钱弘俶施印的《一切如来心秘密全身舍利宝箧印陀罗尼经》经卷，经卷用川棉纸或竹纸精印，是研究早期雕版印刷的珍贵资料。

　　雷峰塔倒塌后，各界人士一直企盼重建这座著名古塔。为配合雷峰塔重建工程，2000年浙江省文物考古所对雷峰塔遗址进行考古发掘，出土纯银阿育王塔、金铜造像、石雕菩萨头像、铜镜、铜钱以及大量石经、铭文砖、建筑构件等文物。雷峰塔地宫开启后，又出土铁函中珍藏着供奉佛螺髻发的鎏金银舍利塔及鎏金莲座青铜蟠龙佛像、铜镜、玉供养人等精美文物。2002年重建落成的雷峰塔主体为平面八角形体仿唐宋楼阁式塔，各层盖铜瓦，转角处设铜斗拱，飞檐翘角；台基以下两层，外饰汉白玉石栏杆，塔身即台基以上五层，总高71.679米，塔身对径28米，边长11米，周长88米。雷峰塔内设电梯、步行梯，副阶内底层下是雷峰塔遗址，设有遗址玻璃防护罩。

南屏晚钟

南屏山在西湖南岸、玉皇山北，是九曜山的分支，主峰海拔110米左右，崖壁犹如屏风矗立而名南屏。南屏山是净慈寺的坐山，净慈寺踞南山之胜，面向西湖，是眺望西湖的极佳处。西湖十景之"南屏晚钟"是指傍晚时分游历西湖而听闻净慈寺钟声响砌南山，景名将时空、山水、禅意与声觉融于一体，意境尤为优美深远。

后周显德元年（954），钱弘俶为迎接法眼宗高僧永明禅师道

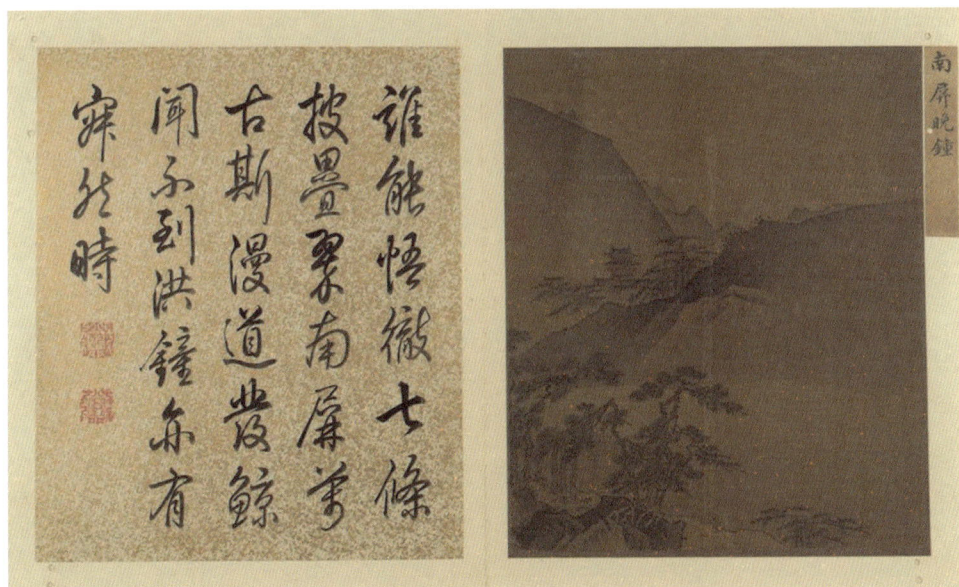

南宋叶肖岩《南屏晚钟》图

163

净慈寺

净慈寺双井

净慈寺钟楼

净慈寺铜钟

潜而在南屏山建寺，原名慧日永明院。太平兴国二年（977）宋廷赐额"寿宁禅院"，天禧二年（1018）宋真宗特赐铜毗卢迦佛像。熙宁年间（1068—1077）西湖干枯，住持圆照宗本凿寺内泉水为井，又雇佣万人在寺庙前开凿水池，这是"圆照井"与"万工池"，明代净土宗提倡行善放生，"万工池"改名"放生池"，至今仍存于净慈寺对面、雷峰塔景区入口处。

南宋净慈寺屡毁屡建。南宋建炎元年（1127）寿宁院发生火灾，次后重修后改称"净慈禅寺"。绍兴九年（1139）宋高宗为和议大赦天下，并将净慈禅寺改名为"报恩光孝禅寺"以奉祀宋徽宗，绍兴十九年（1149）又改称为"净慈报恩光孝禅寺"，并建造五百罗汉堂。此后隆兴年间宋孝宗又赐金重建，并御书"慧日阁"额。嘉泰四年（1204）又失火，嘉定十四年（1221）再次重建。传说嘉定十五年（1222）史弥远为其父史浩在净慈寺做佛事

净慈寺大雄宝殿

慧日峰摩崖

如净禅师墓塔

东坡亭

济颠像

南屏晚钟御碑亭

时,曾在寺内慧日阁与国子学录郑清之密谋废立。绍定四年（1231）
净慈寺于佛殿前凿双井，现仍存于山门两侧。淳祐十年（1250）
在山门外建千佛阁。南宋时净慈禅寺已"为寺甲于杭"，每年春
季各地香客前来杭州进香，各寺山门外商铺林立，发展成为西湖
香市。净慈寺踞南山，灵隐、天竺居于北山，共同构成了南宋临

安城两山香市的盛景。

古代净慈寺在城门之外，南屏晚钟之所以特别值得关注，是因为这时僧人要从城中回到寺院，而西湖游人也要赶在城门关闭之前回家，因此"南屏晚钟"是由实用的报时功能引起人们的特别关注，进而演化为禅意绵绵的声景殊胜。因此王洧《南屏晚钟》诗云"晚烟深处蒲牢响，僧自城中应供回"。南宋时"烟寺晚钟"已经成为经典的佛寺景观，占据西湖与香市双重胜景的净慈寺就成为杭州"烟寺晚钟"景观的代表性寺院，"南屏晚钟"由此成为西湖十景之一。

净慈寺现存建筑为20世纪80年代重建。南屏山主峰名慧日峰，南宋绍兴二十七年（1157）陈思恭曾有"慧日峰"题刻，但长期隐匿。2007年净慈寺重建释迦殿开挖地基时重新发现有"慧日峰"题刻的山石，现存于建成后的释迦殿一楼展厅。"慧日峰"三字题刻为篆书，字高52—64厘米，宽28—32厘米，落款"绍兴丁丑岁冬至日妙门居士陈思恭命工"为楷书，字径2厘米。陈思恭是北宋父子名相陈恕、陈执中之后，建炎四年（1130）曾于太湖大败金军。"慧日峰"题刻上又有明正德年间杭州知府张芹等人的题名石刻。此外，今天的净慈寺东有南宋住持如净禅师的墓塔，东南有纪念苏轼的东坡塔以及南宋僧人道济的塑像。道济俗称"济公""济颠"，以颠僧的形象在民间文学中广为流传，有"古井运木"等著名传说。

两峰插云

杭州西山的南高峰、北高峰相距5千米，南宋时峰顶各有古塔一座，每逢云雾低横之日，自西湖西望，群峰隐晦而塔尖分明，因此得景名"两峰插云"。清代，峰顶古塔皆毁，康熙御题景名时改"两峰"为"双峰"，御碑立于洪春桥北，现碑为1980年摹刻重立。

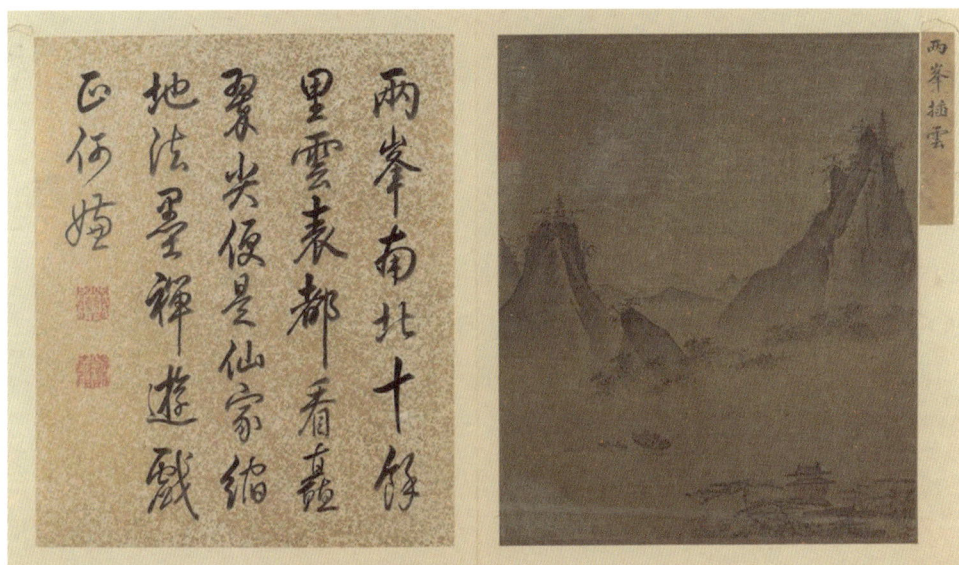

南宋叶肖岩《两峰插云》图

从苏堤望山桥西望南、北高峰

南高峰位于满觉陇、烟霞岭北。南高峰塔位于南高峰顶端，属于荣国寺，建于后晋天福年间（936—942），塔初建时规模十分宏大，共七级，高十丈。南高峰塔的首要功能是供奉舍利，塔中龛室之内绘佛菩萨像共24尊，卫以天龙部属十六善神，皆端庄尊严。南高峰塔也是观景平台，宋僧了心《重建南高峰塔记》称"四厢辟轩窗，以备游览。东瞰平芜，烟消日出，尽湖山之观"。此塔也是灯塔地标，为钱塘江中的船只、行路旅人提供定位。宋代南高峰塔曾多次重修，南宋福王赵与芮与权臣贾似道均有出资修葺，咸淳五年（1269）知临安府潜说友建华光宝阁供奉五显神。元末南高峰塔毁损，存五级，明万历年间遭雷击砖石俱损，唯存塔址和铁顶，至近代只剩塔址。2017年为配合杭州市南高峰景观提升改造工程，杭州市考古所曾对南高峰塔寺遗址进行考古发掘。

从柳浪闻莺西望南、北高峰

"双峰插云"御碑

北高峰海拔314米，是杭州灵隐寺的坐山。北高峰塔在北高峰顶，原名"高峰塔"，又称灵隐寺塔。据《咸淳临安志》《灵隐寺志》记载，该塔始建于唐玄宗天宝年间（742—756），会昌灭佛时毁，大中年间又复兴，吴越国钱氏重修，宋至道二年（996）毁于雷霆，北宋多次重修建，南宋咸淳七年（1271）毁坏的北高峰塔再次重建，元时又被雷电焚毁，明万历时仅存三层，清顺治九年（1652）彻底毁废。

"两峰插云"在南宋有两峰两塔，叶肖岩《西湖十景·两峰插云》所绘即是双塔在树林掩映之间，中景一片水面有小舟行其间，展示出双峰双塔的高耸和水面的开阔空灵。李嵩《西湖图》的左方南高峰上有小塔，说明北高峰塔在南宋咸淳七年（1271）确实倒塌过。明代齐明《西湖十景图册》之"双峰插云"，白云在双峰中飘梭，双塔在顶端数株松树中探没。明代周龙《西湖图卷》同样能看到南北高峰两塔遥相对峙，但双塔已没有巍然屹立、傲对碧空的气势，从顶端几株松树空隙中清晰看到南高峰塔高5层，北高峰塔高3层。清代南北高峰塔已废弃倒塌，故而王原祁《西湖十景图卷》只有南高峰3层塔，清后期的《禹杭胜迹图册》与董诰《西湖十景图册》双塔已不见踪影。

一般认为苏堤的望山桥是双峰插云的最佳景观点，但今天从这里西望，天际线上近处丁家山树林高于北高峰。如果不能恢复南、北高峰双塔，"双峰插云"景观似乎已经名存实亡。

三潭印月

吴越国佛教盛行，杭州寺院密布。西湖中筑有陆岛，岛上建"湖心寺"，又称"水心寺"，北宋大中祥符年间（1008—1016）赐额

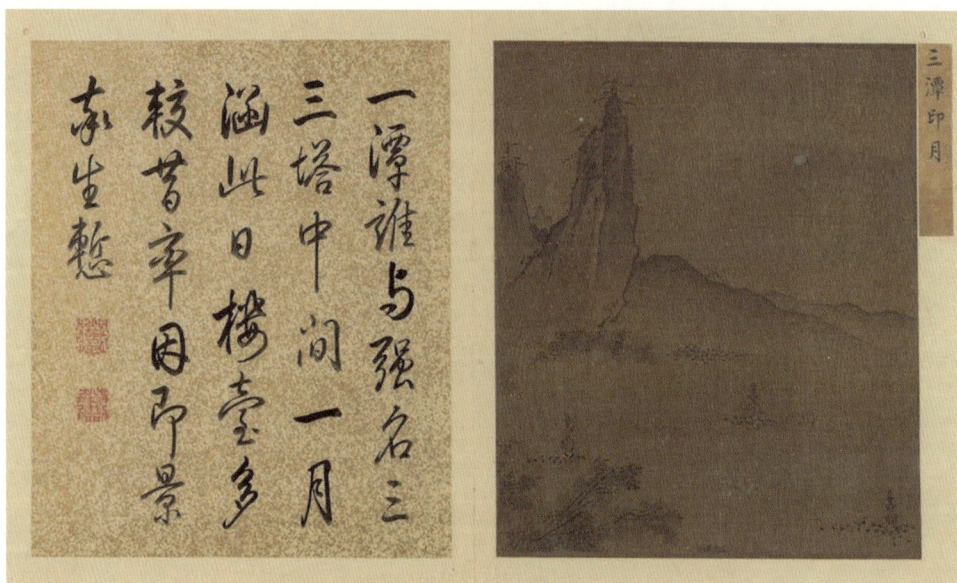

南宋叶肖岩《三潭印月》图

"水心保宁寺"。元祐五年（1090）苏轼疏浚西湖，不仅修筑贯通南北的长堤，为防再度淤塞又于湖中立3座石塔，规定三塔标记范围内不准种菱植藕，这是湖中有三塔之始。疏浚后的西湖碧波荡漾、风景秀丽，湖中三塔亭亭而立，与保宁寺相望，渐成一景，并以"三潭印月"列入西湖十景。

南宋时保宁寺并入聚景园，此后寺废而三塔仍在。明天顺年间（1457—1464）重建水心保宁寺于故址，弘治年间（1488—1505）水心保宁寺及三塔均遭毁坏，三潭印月景观一度消失。正德三年（1508）再次疏浚西湖时，湖中已无任何人工岛屿或构筑物，三塔"惟北塔一基略存"，嘉靖年间《西湖游览志》之"今朝西湖图"的宽广湖面上就空无一物。此后杭州知府孙孟于嘉靖三十一年（1552）在北塔遗址上建"振鹭亭"即湖心亭。万历二十八年（1600）司礼太监孙隆对湖心亭进行改建，湖心亭面积扩大，建筑规格提升，又增添花木，遂成一湖之胜。万历三十五年（1607）知县聂心汤"置三小塔以仿旧迹"，但这时的三塔不在湖中。湖中重建三塔则是在天启元年（1621）前后，"池外造小石塔三座，谓之三潭"。这时的三塔不在宋代原来位置，也不承担宋塔的功能，纯粹只是为了重建"三潭印月"景观而建，以文化传承和审美为主要诉求。清初西湖再次淤塞，"两堤六桥及诸名胜，倾圮相望"，三塔也随之毁废，直到康熙南巡时"于放生池南重建三塔"。

西湖十景之"断桥残雪""雷峰夕照"是著名的白娘子传说最重要的发生地，但"三潭印月"才是这个故事的源头。白蛇传的故事起源于宋元话本《西湖三塔记》，故事中西湖中三个妖怪要骗奚宣赞剖吃他的心肝，奚宣赞请四圣观真人作法擒住三妖，在湖中造三个石塔镇妖，其中一妖为白衣娘子，现出原形是一条白蛇。这个故事更像一个神鬼怪谈，既没有浪漫爱情，也没有雷峰塔与断桥。

今天的三潭印月景观在西湖小瀛洲岛南水域，是杭州最具标志性的景观。该景观以水中三塔、小瀛洲岛为核心观赏要素，以月夜里在岛上观赏月、塔、湖的相互映照、引发禅境思考和感悟

三潭印月

我心相印亭

西湖三岛

为欣赏主题。小瀛洲岛在明万历间浚湖堆土而成，呈"湖中有岛，岛中有湖"的"田"字形格局，是江南水上园林的经典。

触摸宋代文物遗迹

南宋皇城遗址

凤凰山皇城遗址

1. 定都与营建

建炎三年（1129），宋高宗赵构南渡，驻跸杭州，诏以州治为行宫，称"行在所"，又升杭州为临安府。建炎三年（1129），金军再次南侵，赵构由建康经镇江、平江府（苏州）、临安府（杭州）一路逃至昌国（今浙江定海）、台州（今浙江临海）并入海逃亡。金军入海300余里追击赵构，途中遇风暴，被宋水军打败。赵构返回温州江心屿，避居江心寺。建炎四年（1130）正月，金军从平江府撤军，赵构返回明州，进驻越州，次年（1031）改年号"绍兴"，寓"绍祚中兴"之意。绍兴二年（1132）正月，赵构将朝廷迁至临安，仍称"行在"。绍兴八年（1138），南宋正式定都杭州（都行在），以原杭州州治子城为宫城（大内、皇城）。

作为南宋京城的杭州延续了吴越国所建的城池。吴越国曾先后三次构筑杭州外城。第一次筑城在唐末大顺元年（890），钱镠任杭州刺史兼防御史时，出于军事需要开始修新城，城北到夹城

杭州古城墙陈列馆（古庆春门）

古钱塘门遗址碑

杭州古城门遗址碑

巷（今长板巷），南至秦望山，南北长十二里，东西相距不到300米，故称夹城。第二次筑城时间是景福二年（893）七月，这时钱镠被拜为镇海军节度使、润州刺史。他征集20余万民工及北征胜利归来的"十三都兵"，在夹城的基础上，新筑罗城周长"凡七十里"，"城门凡十，皆金铺铁叶，用以御侮"。因罗城城垣南北两端广而中间狭，故称"腰鼓城"。第三次筑城在开平四年（910），钱镠筑捍海塘的同时，又"广杭州城"，展筑东南的外城，"建候潮、通江等城门"，城垣周长扩展三十里，将杭州城墙的东界从中河拓展到东河，中河因此成为城内运河。

南宋京城维持吴越国杭州的格局，城门有西北余杭门（今武林门）、东北艮山门、东城东青门、崇新门、新开门、保安门、候潮门、便门；南有嘉会门，西有钱湖门、清波门、丰豫门、钱塘门，共有城门13座，南北约7000米，东西约2000米，面积约14平方公里，平陆和山地各占一半，城市中心位于南部山地。

现在一般所谓的南宋皇城其实是宫城。中国古代的京城一般有三重城墙，皇帝所居称宫城，中央机构所在也有城墙包围。如今天北京故宫是明清宫城，皇城已经不存，但仍存的天安门及仅存地名的地安门、东安门与西安门。南宋以杭州州城为京城，因此没有三重城墙的格局。原来凤凰山下州治子城成为皇帝所居大内事实上是宫城，由于地处京城最南端，因此中央机构只能往稍北分布，但没有城池护卫而与市井杂处。只有今天的鼓楼在南宋称朝天门，可以理解为是真正意义上皇城的界限，但在南宋只有门楼而没有完整的城墙。

南宋大内由吴越国宫城、北宋州治改建而来。钱镠于乾宁五年（898）自润州（今江苏镇江）移镇海军治所于杭州，即以凤凰山隋唐州治为治所，扩展州厅西南隅，依山阜为宫室，由此确定杭州"南宫北城"的格局。至吴越建国，后梁开平四年（910）钱镠以州治为基础建子城，设朝于凤凰山下。吴越国的子城周九里，"南曰通越门，北曰双门"。通越门在凤凰山之右，双门外还

凤凰山脚路与万松岭交叉的"和宁门外"

临安皇城遗址文保碑

建碧波亭，用来检阅水军。并将吴越子城的建筑范围扩展到慈云岭，子城内殿堂宫室，重檐叠阁，雕梁画栋，还"廊回路转""垂杨夹道，间以芙蓉""环以古松""风帆沙鸟，咸出履下"，俨然如一处江滨皇家墅园。吴越国子城沿袭六朝钱唐县治地和隋唐州治，使其地发展成具有相当规模的杭城政治中心，为日后南宋奠定了国都皇城的建筑基础。

吴越国子城即北宋杭州州治。南宋定都杭州，遂在州治基础上修建大内。南宋皇城面积、总体布局都与北宋州治相当，围绕馒头山布置宫殿、园林。由于受到山地地形条件约束，南宋大内的建筑数量和规模都不如北宋宫城，而且营建初期尚处在宋金战争时期，最初修建的宫殿相当简陋，"止今草创，仅蔽风雨足矣……务要精省，不得华饰"。绍兴八年（1138）宋金和议后，朝局渐趋稳定，赵构开始增建宫殿。绍兴九年（1139）十月建成慈宁宫以待赵构生母韦太后归来，并开始重建临朝理政的宫殿与祭祀先祖的庙宇。绍兴十二年（1142）修建大庆殿和垂拱殿作为皇帝举行典礼和临朝处理政事的场所，也是规模最大的两座宫殿。据明万历《钱塘县志》记载，南宋大内共有殿30、堂33、斋4、楼7、阁20、台6、轩1、阁6、观1、亭90。其中外朝的大庆殿和垂拱殿位于宫城南部，寝殿、后宫位于北部，太子宫即东宫位于东南部，后苑建在西北部。由于外朝殿宇整体数量少，为了满足功能需求，宫殿随时更换名称。大朝会时肃穆庄严的大庆殿，在"圣节上寿"赐宴时就布置成紫宸殿，这就是《宋史》所谓"垂拱、大庆、文德、紫宸、祥曦、集英六殿，随事易名，实一殿"。

绍兴十八年（1148）命名三座宫门"南门曰丽正，北门曰和宁，东苑门曰东华"。绍兴二十八年（1158），增筑皇城东南外城及西华门，并在宫殿东南侧候潮门与嘉会门之间拓出一条街道，以便皇帝车驾依仗南北通行。宫城的正门是南面的丽正门，位于整个临安城的南端，正对临安城的南城门嘉会门。只有在重大礼仪场合，文武官员才允许从丽正门进入宫城。平日上朝，百官都由宫城北面的后门和宁门出入，称为"倒骑龙"。

2. 遗址的考古发掘

德祐二年（1276）元军攻占临安城，南宋大内宫殿遭火延烧损毁大半。至元二十一年（1284）元僧杨琏真迦毁坏大内建筑，据称在废墟上修建五寺一塔。至正十九年（1359）张士诚起义占领杭州并重修杭州城墙，"截凤山于外，络市河于内"，将南宋大内一带拒之城外，皇城逐渐荒芜。

南宋的大内所在今天称为"南宋皇城遗址"，20世纪80年代以来的考古发掘探明了南宋皇城的范围和格局。东起馒头山东麓，西至凤凰山，南至宋城路，北至万松岭路，南宫墙外有城壕，北宫墙、西宫墙与山体相结合，东西最远距800米，南北距600米。皇城南宫墙与宋城路平行，东端位于原南星桥火车站机修厂院内；东宫墙位于馒头山东麓中河高架路西侧；北宫墙在万松岭路南、市中药材仓库西侧有一小段遗存；西宫墙南起宋城路西端，北

杭州卷烟厂出土须弥座残件

抵凤凰山南麓陡坡，考古发现一处宽18米的缺口，两侧夯土宽度20余米，推测为西华门遗迹。

1987年杭州考古所在万松岭北侧杭州卷烟厂基建工地发现并清理出一处御街遗迹，由香糕砖铺设而成，因位置在大内北城墙上，所以可以确定这段御道是南宋时出入皇城的北门和宁门的遗迹。1988年在中药材仓库工地发现一处宫殿建筑遗迹，包括砖铺地面、石柱础、夯土台等遗迹，并出土了大量瓷片、建筑构件等。1992年省军区后勤部仓库被服厂前清理出两座大型夯土建筑基址，中间有水沟相连，台基外侧砖墙包砌，砖侧有模印文字"大苑"。1993年在馒头山市气象局基建工地发现了南宋大型建筑遗迹，清理出柱础、花坛等遗迹，在南宋地层上方还发现了元代的尊胜塔遗迹，应该是元朝焚毁南宋宫室并建塔镇压的遗迹。1995年杭州卷烟厂基建工地内发掘出宋式须弥座残件，须弥座束腰部分雕有典型的如意花卉，线条简洁流畅，现存放在六和塔景区开化寺遗址处。1996年在省军区后勤部仓库基建工地又发现了与1987年考古发掘相同规格的香糕砖道路遗迹，主道外侧用两列砖纵向侧砌，与辅道分隔，辅道外石条包边，根据道路走向，确定了这条砖道为出入南宫门丽正门的通道。

今天的南宋皇城遗址上保留着杭州已经比较少见的老旧小区的氛围，全国重点文物保护单位"南宋皇城遗址"文保牌散落其间。

德寿宫遗址

南宋除凤凰山皇城，另建有专为高宗、孝宗禅位后居住的德寿宫（重华宫），形成了南内（皇城）与北内（德寿宫）并置的特殊格局。德寿宫位于今上城区望江路北侧，南至望江路胡雪岩故居，北至梅花碑附近，西邻中河与鼓楼相望，东至吉祥巷、织造马弄一带。这里原为秦桧宅第，因称"有王气"，遂于秦桧去世后被朝廷收回。绍兴三十二年（1162），宋高宗禅让帝位，并

南宋德寿宫遗址

决定以秦桧宅改建太上皇宫殿，称"德寿宫"。宋孝宗为表孝敬，将德寿宫一再扩建。淳熙十六年（1189），孝宗仿效高宗禅位退居北内，德寿宫改称"重华宫"，而高宗、孝宗去世后，高宗皇后吴氏、孝宗皇后谢氏所居宫殿又称慈福宫、寿慈宫。

德寿宫坐北朝南，当时占地17万平方米，其布局与皇城相近，宫中建有德寿殿、后殿、灵芝殿、射厅、寝殿、食殿等十余座殿院，还有大量园林景观，包括金鱼家池、小西湖，湖畔垒石称万寿山，山峰上有聚远楼，小西湖周边还有香远堂、清深堂、松菊三径、梅坡、月榭、芙蓉冈、浣溪等景观，精美程度比大内有过之而无不及。南宋后期德寿宫已无帝后居住，咸淳四年（1268）度宗将其一半改建为道观"宗阳宫"，另一半废为民居，清初此地渐为官署、民居所占。

1985年在中河东岸望仙桥至新宫桥之间发现了一条砖路及排水沟，这是德寿宫遗址最早的发现。此后对德寿宫遗址有数次考古发掘，2001年在望江路北侧发现德寿宫南围墙、东围墙遗迹，以及夯土台基、过道、廊、散水等宫内遗迹。2005年至2006年在原杭州工具厂内发现西围墙、便门、水池、曲折形水渠、水井等遗迹。从遗迹的分布来看，德寿宫内西面主要是园林营造，东部是宫殿区。

2020年杭州市决定在德寿宫遗址复建仿宋宫殿建筑，并于2022年11月18日落成开放。

太庙遗址

太庙是皇帝祭祀祖先的家庙，供奉皇家历代祖先，祭祀礼仪极其隆重。宋朝新皇帝登位要朝享太庙，每三年由皇帝亲自主持一次远近祖先的合祭，每五年一次天神和祖先的合祭，同时每年每季第一个月、冬季最后一个月也要派大臣举行朝享礼。南宋定都临安后，很快开始修筑太庙。绍兴五年（1135）仓促草创，"令临安府修瓦房一十间，权充太庙奉安……依庙制合设四神门外"。在宋孝宗后期，太庙已逐渐扩建恢复了北宋规制，正殿九庙十四间。淳熙十四年（1187）扩建后，"照得就来诸室并挟室一十三间"，其中正殿阔二十一丈（今66米），进深七丈（今22米），规模相当宏大。绍定四年（1231）太庙毁于火灾，次年重建，景定五年

太庙遗址公园

置于南宋太庙遗址的出土础基

（1264）完成了最后一次扩建。

今天的南宋太庙遗址位于杭州紫阳山东麓，东临中山南路，太庙巷以北，察院前以南，面积约1100平方米。1995年杭州市文物考古所对该遗址进行了发掘，发现了南宋太庙的东围墙、东门门址和大型夯土台基等建筑遗迹。为保护这一重要南宋遗址，杭州市政府暂停原房地产建设项目，对遗址进行了回填和永久性保护，并于遗址上修建太庙广场。1997年底补充发掘，发现了夯土遗迹、砖铺地面遗迹，还发掘出一件础石保留在太庙广场公开展示。

八卦田郊坛遗址

郊坛是皇帝祭天的场所，由于历史变迁及文献记载的模糊，南宋郊坛的地理位置有所争议，但事实上就在长期以来被误认为南宋皇帝行籍田礼的所谓八卦田。绍兴和议形成后，礼部、太常

南宋郊址遗址

寺于绍兴十三年（1143）正月提出郊坛选址问题，临安府会同殿前都指挥很快在嘉会门西南四里、龙华寺西找到了理想用地。南宋郊坛最上层约22米，最下层约70米，与现存北京明清天坛圜丘大小相仿。郊坛建成后，高宗、孝宗分别举行过6次、5次南郊祭天，宁宗、度宗各3次，光宗、理宗各1次。

南宋郊坛建制沿革清晰可考。由于文献上对其具体位置的记述存在分歧，而籍田先农坛与郊坛位置不远，仅凭文献难以作出明确判断。但从郊坛规模格局以及近年从日本流回国内的孤本《勋贤祠志》标注的"宋郊天台"位置来看，南宋郊坛无疑就在今天玉皇山下所谓的八卦田。而将八卦田指认为南宋籍田，主要源于明代田汝成《西湖游览志》的讹传。今天的八卦田总面积达150余亩，外围呈正八边形，已经成为杭城少年体验农耕文化的户外活动场所。

御街遗址

南宋御街是皇帝到景灵宫朝拜祖宗时"乘舆所经之路"。隋开皇十一年（591）杭州州城初建，贯通城市南北的主干道开始出现。吴越国定都杭州后，钱镠进一步规划完善城内的街道体系，主干道路面已相当宽阔。南宋时期，这条主干大街连接了皇城、供奉祖宗神主的太庙、供奉祖宗神像的景灵宫。由于皇城位于整个临安城的最南端，景灵宫则位于临安城的西北部，因此南宋御街是由南向北的一条道路，大概沿今中山南路、中山中路、中山北路至凤起路口向西延伸，至杭州市第十四中学凤起校区东侧为止，全长约6公里。

现在杭州有两处御街遗址的考古发掘点与陈列展示。一是位于中山中路112号的南宋御街陈列馆，2008年为配合中山路综合保护与有机更新工程的建设而进行考古发掘，发掘面积95平方米，有上下叠压的两层南宋御街与临街建筑遗迹，现已建成位于

中山中路 112 号御街遗址

严官巷御街遗址

地面下的开放式展陈场所，包括石板道路遗迹、排水沟和房屋建筑遗迹。

　　另一处位于上城区紫阳街道太庙社区严官巷，东门在中山南路199号。为配合万松岭隧道严官巷段建设，杭州市文物考古所于2003—2004年在此进行抢救性考古，发掘面积共计1250平方米，发现南宋三省六部官署北围墙遗迹、河道遗迹、石砌储水设施遗迹、御街及支道、桥塊与桥墩等遗迹，以及南宋白马庙遗址。2006年，严官巷御街遗址建设为南宋遗址陈列馆对外开放。

造像与题刻

除前文讨论过的通玄观道教造像与昙山朱熹题刻，杭州还有众多两宋佛教造像与摩崖题刻，择要介绍如下：

飞来峰造像与题刻

飞来峰造像在灵隐寺前飞来峰，是浙江规模最大的石窟造像群、全国第二批重点文物保护单位。飞来峰是高仅209米的石灰岩山峰，造像分布于飞来峰的青林、玉乳、龙泓、呼猿诸洞内外，以及冷泉溪南岸、山顶神尼塔遗址周围的悬岩峭壁，至今尚存造像115龛、334尊，包括五代吴越国造像11尊、宋代造像200余尊、元代造像87尊，其余为明代造像，其中元代造像半数以上是喇嘛教梵式造像，除此以外，还有唐至民国时期的摩崖题记数十方。

1. 青林洞卢舍那佛会造像

飞来峰东南侧最大的青林洞又称"老虎洞""金光洞"。卢舍

青林洞卢舍那佛会浮雕

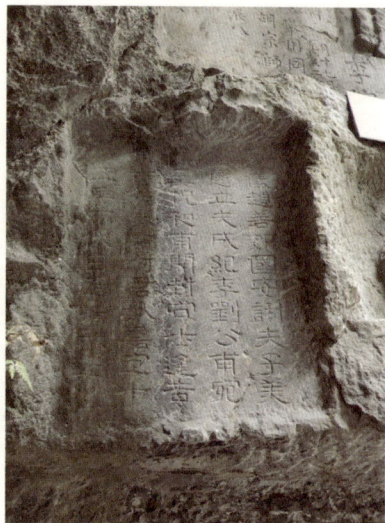

青林洞赵善郊等题名

那佛会浮雕造象像位于青林洞南边洞口右壁,佛龛为壶门花头式,高146厘米、宽150厘米,共有大小造像17尊。其中卢舍那佛居中,结跏趺坐于高束腰莲座上,身后有火焰纹背光,头戴宝冠,身着圆领袈裟,双手上举作说法状。左右有各骑狮象的文殊、普贤两菩萨,另有四天王以及四菩萨像及随身供养者等,龛外上方左右各有飞天。佛龛左边有铭文"弟子胡承德,伏为四恩三有,命石工镌。卢舍那佛会一十七身。所期来往观瞻,同生净土。时大宋乾兴元年四月□□记"。佛龛的左右及下方有小佛像、罗汉像数躯,分上下五列共57尊,高约20—30厘米,作中年男相,皆光头净发,着通肩袈装,有咸平年间平民造像题记。清林洞内外又有熙宁十一年晁美叔、嘉定十五年赵善郊、宝祐二年钱德范等两宋题刻多种。

2.玉乳洞罗汉等造像

玉乳洞是飞来峰的第二大洞穴,因内部乳白色的岩石而得名,因多有蝙蝠栖息又称"蝙蝠洞"。玉乳洞内多是北宋造像,其中

玉乳洞十八罗汉造像

玉乳洞六祖坐像

十八罗汉像在玉乳洞内西侧，高一米有余，皆圆雕坐像，着通肩袈裟，或袒右肩，或降龙伏虎，或手执拂子、执如意、捧宝钵、托经盒，也有双手抱膝、作合掌印，有小僧、供养人立像与凤凰浮雕、雷公浮雕等。玉乳洞东口通道两侧又有禅宗祖师像二尊，高一米有余，一般认为是第一位中土禅师慧可与禅宗六祖慧能，各有"清信弟子杨从简舍财造太祖第一身，天圣四年二月日立""清信女弟子纸一娘舍净财造六祖像，天圣四年二月日立"题记。

3. 龙泓洞造像

飞来峰龙泓洞在春淙亭旁，又名通天洞。龙泓洞外有一小洞称"射旭洞"，透过洞顶极小石缝能看到一线天光，这就是飞来峰著名的"一线天"景观。

龙泓洞外宋代造像包括：

玄奘取经摩崖造像，在龙泓洞口外北侧悬崖上，推测是北宋造像，高0.92米，中年男相光头净发，着通肩袈裟，双手合十，缓步行进，身后有圆形头光。左上方有"唐三藏玄奘法师"题记一方，字已漫漶。

朱士行取经摩崖造像，在玄奘像后面，浮雕三人，牵马二匹、马上驮经，第一人身穿长袍，腰佩利剑，脚穿草鞋，头部和上躯

龙泓洞玄奘造像

龙泓洞朱士行像

龙泓洞白马驮经造像

龙泓洞三组浮雕造像

龙泓洞元丰二年杨景略等游
灵隐题刻

残缺，残高0.62米。其左上方题记"朱士行"三字，因下端的"士行"二字受雨水冲蚀，被后人改刻成"朱八戒"。

"白马驮经"造像，在朱士行像后面，浮雕高僧二尊，从者一尊和白马一匹。二高僧皆着半披肩袈裟，有头光。左立者高1.10米，双手下垂，左手拿着一串念佛珠，右立者高0.95米，右手上举，招呼着后面一位牵着马、整装待发的从者。二高僧的右上方各有题记一方，分别竖刻"竺法兰"和"摄摩腾"三字。

龙泓洞口有元丰二年（1079）杨景略等游灵隐的题刻："杨景略、胡宗师、范峋、黄颂、彭汝砺、王祖道、林希，元丰己未年七月十三日游灵隐洞。"正文7行，字径约11厘米。

4. 布袋弥勒坐像

布袋弥勒坐像在冷泉溪南岸悬崖，一般认为是南宋造像，也有元代造像的说法。佛龛呈弧形，龛宽9.90米，龛内圆雕布袋弥勒及十八罗汉共十九尊。布袋弥勒，老年男相，肥头丰颊，宽眉

冷泉溪布袋弥勒坐像

大眼，张嘴嬉笑，通肩袈裟往下脱落，裸露便便大腹，足露趾，踞坐岩石上，左手持念佛珠一串，右手扶一布袋，旁有木鱼一个。左右侧的十八尊罗汉，或手托宝塔，或背荷锡杖，或静或动，姿态各异。

5. 翠微亭韩彦直题刻

除了造像与摩崖题刻，飞来峰还有一处重要的宋代遗迹就是翠微亭。翠微亭始建于南宋绍兴十二年（1142），据传为韩世忠怀念岳飞而建，此后分别于清道光五年（1825）、光绪年间重建。现存亭为民国十六年（1927）修建，重檐攒尖顶方亭，钢筋混凝土结构，占地36平方米。亭下右侧原有韩世忠之子韩彦直的题刻：

绍兴十二年，清凉居士韩世忠因过灵隐，登览形胜，

飞来峰翠微亭

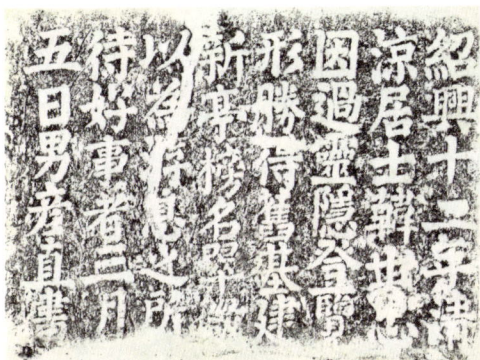

韩彦直题刻拓本与说明碑

得旧基,建新亭,榜名"翠微",以为游息之所,待好事者。
三月五日男彦直书。

现题刻已不存,但有拓本存世。

慈云岭造像

慈云岭造像位于玉皇山慈云岭南麓,为2006年全国重点文物
保护单位"西湖南山造像"的组成部分,最早是后晋天福七年(942)
吴越国王钱弘佐创建资延寺的时候雕凿的。共有龛窟4个,摩崖
造像30余尊,题材为西方三圣、地藏、六道轮回等。主龛造像七
尊分别为阿弥陀佛、观世音、大势至、二菩萨、二力士。造像右
侧有北宋绍圣元年改刻的"佛牙赞"七言律诗:

仁宗神文圣武明孝皇帝制
三皇掩质皆归土,五帝潜形已化尘。夫子域中夸是
圣,老君世上亦言真。埋躯祇见空遗冢,何处将身示后人。
唯有吾师金骨在,曾经百炼色长新。

大宋绍圣改元甲戌岁乙亥月,敬刊于杭州慈云岭永

慈云岭造像

慈云岭造像

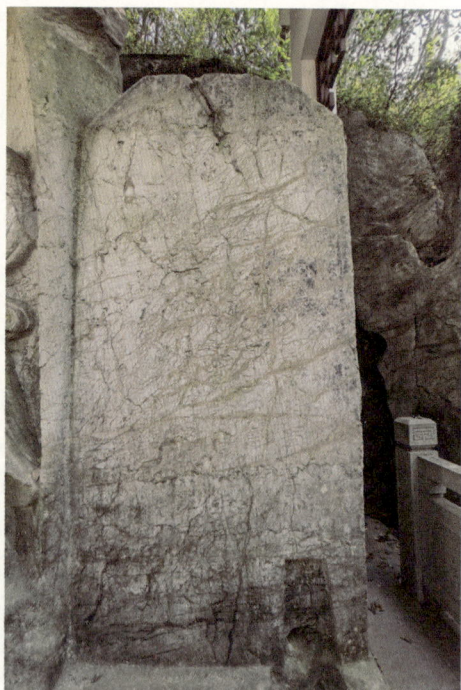

慈云岭北宋佛牙赞题刻

寿石佛殿之右、山崖之前。上报四恩，将传万世。沙门
释惟性建，住持沙门宝诚。陶谭刻字。

不过南宋以来一直有学者怀疑该诗并非宋仁宗御制，仅能确
定属于北宋题刻。

石龙洞造像与题刻

石龙洞造像在南星街道将台山近山顶处，一般认为是北宋造
像，也有五代造像的说法。石龙洞在石龙院遗址后方，在洞外岩
壁上自左而右依次分布有：

罗汉坐像上下分四排，共十六尊，每尊各有龛，除底部一
排四尊为壶门式龛外，其余皆为拱券形龛，龛高0.45米，罗汉高
0.35米；

释迦如来摩崖造像，在高1.02米的壶门形龛内，有圆雕释迦
如来等造像五尊。释迦高0.43米，着通肩袈裟，作说法手印，结

石龙洞造像

跏趺坐，坐正中莲花须弥座上。两侧为阿难、迦叶，再两侧为菩萨立像，各高0.46米，立于莲花须弥座上；

千佛摩崖造像，壶式龛高1.70米，宽1.96米。龛中部上下排列三尊坐佛，自上而下依次高0.10米，0.14米，0.18米。其余整个龛内浮雕小佛像三十二排，共千余尊。龛下部雕莲花、莲瓣，肥大丰硕；

天王造像，壶门式龛，高1.70米，宽1.97米。天王高0.85米，披甲站立，右手施无畏印，左手执长杆钺；

菩萨立造像，龛高2.1米，宽1.06米，菩萨高1米，结跏趺坐于高0.6米的莲花须弥座上，身后有火焰纹背光。

在洞内崖壁上还有宋刻《心印铭》。《心印铭》为唐翰林学士梁肃所撰，作者认为世上万物变化无常，必要有心，才能名佛。北宋皇祐五年（1053）由僧慎微发起，僧冲羽书丹，陶翼及其子陶拱刻字于石壁上，全文如下：

心印铭

唐翰林学士兼太子侍读、史馆修撰、守右补阙梁萧作

浩浩群生，或动或静，或幽或明，旁魄六合运用五行，莫不因心而寓其形；波流火驰，出入如机，如环无端，莫知其归；或细不可视；或大不可围；日月至明或以为昏；秋毫至微或以为繁；或囊包天地；或渴饮四海。舒卷变化，惟心所在。夭寿得丧，惟心所宰。心迁境迁，心旷境旷。物

石龙洞心印铭题刻

无定心，心无定象，明则有天人，幽则有鬼神，苦乐相
纷如丝之棼，有无云云，不可胜言，抑末也已！本则不
然。惟本之为体，寂兮浩兮不可遗兮！显矣默矣，不可
测矣。统万有于纤芥，视亿载于屈指。外而不入，内而
不出。不阖不辟，不虚不实。无感不应，无应不神。在
天而天，在人而人。常存而未始或存；常昏而未尝不昏。
岂惟我哉？盖无物不然。岂惟我得？盖无物不得。混而
为一，莫睹其极。故曰：心生法生，心灭法灭。离一切相，
则名诸佛。

　　钱塘讲律僧冲羽书，陶翼并男拱携字

　　天宋皇佑癸巳岁七月，草堂僧慎微纠同志刊于石龙
院之崖

　　题记高1.9米，宽1.6米，正书十四行，行二十四字，字径7
厘米。其后又有附刻的"建中靖国九年仲冬会稽钱倩仲游"。题
刻上部山石突出，形成天然保护罩，使得心印铭题刻少受酸雨等
侵蚀，保存相对完好，字迹至今仍清晰可辨。

烟霞洞三洞造像与题刻

　　烟霞三洞是指南高峰烟霞岭上的烟霞、水乐、石屋三洞，均
有佛教造像与宋代题刻。其中烟霞洞造像始凿于后晋天福、开运
年间，宋及以后有增凿或改凿，现存15尊，包括洞口两则北宋时
雕凿观音、大势至立像，观音像高2米，左手握净水瓶，右手执
杨柳枝；大势至做低头沉思状，双后交叉垂腹前，右手捏数珠。
烟霞洞有北宋至清代题刻多处，大多漫漶。

　　水乐洞原是五代吴越国西关净化禅院遗址，有立于五代后晋
开运三年（946）的《西关净化禅院新建之记》碑一通，惜已不存。

烟霞洞造像

水乐洞

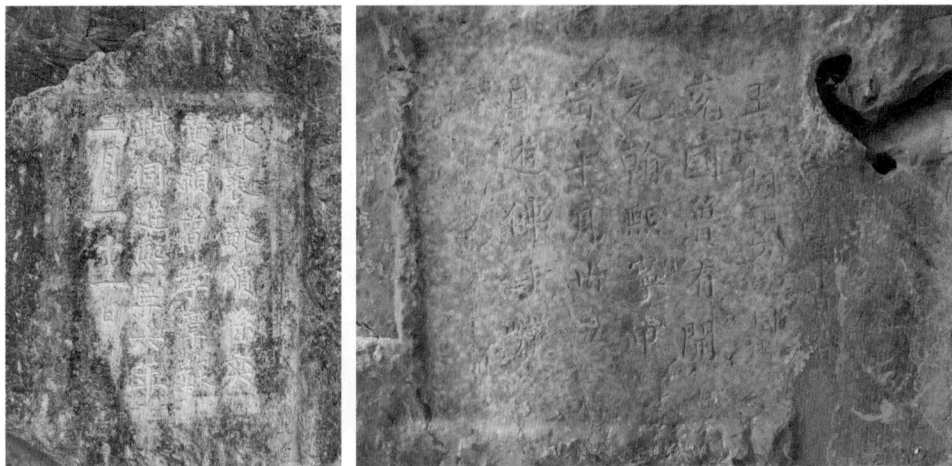

石屋洞重摹熙宁六年陈襄等题刻　　佛手岩熙宁七年鲁有开题刻

现存有北宋熙宁二年（1069）《郑獬水乐洞题名》和熙宁癸丑年（1073）《王廷老等水乐洞题名》摩崖题记二方，已漫漶。

石屋洞造像及题刻毁于20世纪，现存"陈襄、苏颂、孙奕、黄颢、曾孝章、苏轼同游，熙宁六年二月二十日"题刻为重摹。

烟霞岭又有佛手岩洞口西侧尚存宋至民国时期摩崖石刻8种，包括北宋方豪、王廷老、何伯应、鲁有开、林德等人的题记。

天龙寺造像

天龙寺造像位于玉皇山慈云岭西南侧天龙寺后的山岩上，为五代吴越国王钱弘俶建天龙寺时雕凿，年代已是北宋乾德三年（965）。天龙寺造像共有 3 处石窟、造像11尊。主龛高2.71米，宽6.20米，有造像7尊。中为高1.04米的弥勒佛，着通肩袈裟，作禅定手印，结跏坐在莲花须弥座上，背光饰火焰纹。两侧分别为无著和世亲、法花林菩萨、大妙相菩萨及二力士像。东、西两龛分别为无量寿佛与水月观音造像，其中观音像头戴宝冠，面容方圆，左手撑地，右腿上屈左腿盘，坐悬岩上。

天龙寺造像

大麦岭苏轼题刻

　　大麦岭苏轼题刻位于杭州市西湖景区三台山路大麦岭东麓，为苏轼游天竺过大麦岭时刻于山石上，全文为"苏轼、王瑜、杨杰、张璹同游天竺，过麦岭"。摩崖高1.38米，长1.84米，面朝北。内容字径10厘米，文右行，楷书，四行，每行四字，风化比较严重，"苏轼"两字尚能辨认。据称大麦岭题刻是唯一未在崇宁年间遭到销毁的苏轼题刻。

大麦岭苏轼题刻

风水洞与昙山题刻

　　风水洞位于杭州市西湖区双浦镇灵山村东南侧云泉山风水洞景区内，20世纪80年代风水洞摩崖题记在旅游开发时被重新发现，其中"苏轼子瞻"与"建安游茂先行按浙东晚宿慈严，元符二年八月二十六日"两处为北宋题刻。另不远处周浦乡昙山有朱熹题刻（参见前文《昙山题刻：被嫌弃的朱熹》）。

风水洞苏轼题刻

圣果寺造像与题刻

　　圣果寺位于上城区将台山与凤凰山之间的苕帚湾西面，始建于隋文帝开皇二年（582），初名"胜果"，唐乾宁年间（894—898）改"圣果"，北宋仁宗时赐额"崇圣"。五代时吴越国王钱镠登临圣果寺，在石壁上镌刻西方三圣及十八罗汉像。圣果寺在南宋禁苑，一度被改为殿司衙，寺庙被迁徙至包家山。圣果寺遗

凤凰山圣果寺遗址

王大通"凤山"题刻

凤凰山宋高宗"忠实"摩崖题刻

址内有两处南宋摩崖题刻,王大通"凤山"题刻高约1米,右刻"宋淳熙丁未春",左刻"洛人王大通"。另一处"忠实"题刻,楷书大字,高92厘米,宽182厘米,一般认为是宋高宗御题,但有学者从书法风格与相关文献分析认为更可能是宋理宗的手笔。

宝石山大石佛院造像

大石佛院造像位于杭州市西湖景区栖霞岭社区北山路25号旁岩壁。造像坐北朝南,相传原为秦始皇南巡至杭州的缆船石。北宋宣和年间(1119—1125)僧人思净将此石凿成半身佛像,人称"大佛头",后建造佛殿覆其上,名大石佛院。现大佛头仍残存轮廓,高11米。

大佛寺造像

司马光家人卦摩崖刻石

　　司马光家人卦摩崖位于南屏山西麓"小有天园"山腰，南宋时据宋高宗藏司马光隶书《家人卦》镌刻于山体巨石，高5.9米，长9米，石刻整体保存完好。摩崖内容除《家人卦》从"家人，利女贞"至"反身之谓也"及《乐记》《中庸》等内容共202字，隶书12行，每行17字，字径4寸余，内容为修身治家之道。山石西侧又有米芾"琴台"等题刻，已漫漶。

司马光家人卦摩崖题刻

官窑遗址

宋代官窑因北宋与南宋有"旧官""新官"之分。南宋官窑主要有两处，凤凰山下官窑称修内司官窑或内窑，另一处是郊坛下官窑。

修内司官窑位于杭州九华山麓万松书院南侧，凤凰山与九华山之间的山岙地带，南距南宋皇城遗址不足百米。因在老虎洞发掘，又称南宋官窑老虎洞遗址，现场为一山间平地，古树参天，近现代坟茔密布。窑址南侧有一自然溪沟，北侧有山间小路可达万松岭、西湖。1998—2001 年间老虎洞两次考古发现从北宋至元代三个时期的窑业遗迹，其中南宋层作坊营建考究，有龙窑、作坊和 24 个瓷片堆积坑等遗迹。其中一件在制作陶器过程中所使用的"荡箍"有"庚子年……匠师……记修内司窑置"字样，证实了此处即南宋修内司窑址。

郊坛下窑址位于杭州市上城区南复路 60 号，乌龟山西侧的山岙地带，现南宋官窑博物馆区域内，八卦田（郊址遗址）距此仅 300 米。1985 年考古发掘面积 1400 平方米，在距地表约 0.8—2 米深处的南宋文化层发现练泥池、素烧炉、成型工房、釉缸等作坊遗址和一座龙窑，出土大量瓷片、窑具等实物标本。1992 年，据

郊坛下窑址

郊坛下官窑遗址兴建的杭州南宋官窑博物馆对外开放，其中龙窑用砖坯砌筑，依坡而卧，头尾高差7.2米，分为窑头、窑室、窑尾三段，长40.8米，宽约2米，窑体轮廓清晰，气势恢宏。博物馆还复原了南宋官窑的作坊遗址，主要有练泥池、成型工房、陶车坑、挡土墙、晾坯场、素烧炉、索烧坯堆、釉缸，修坯上釉工房、成品堆放屋、排水沟等，展现了南宋官窑的各个生产环节。

佛塔经幢

杭州著名的六和塔、保俶塔、雷峰塔、白塔均始建于吴越国。灵隐寺、梵天寺的石塔和经幢也是吴越国所建，但年代已进入宋朝。

灵隐寺大雄宝殿前东西两侧各有一座石塔，始建于北宋建隆元年（960）或稍后数年间。双塔皆用白石精工雕砌而成，八面九层，仿木构楼阁式。塔高约11余米，塔刹已毁，第三层有一方小石匾额，上书"吴兴广济普恩真身宝塔"。灵隐寺另有两经幢位于天王殿前东、西两侧，建造于北宋开宝二年（969），原在钱氏家庙奉先寺，景祐二年（1035）灵隐寺住持延珊迁建于今址。两经幢皆由湖石雕凿，逐级叠砌而为多层八面型石幢。经幢下部采用三层须弥基座，束腰部分雕有佛像，幢身上刻"大佛顶陀罗尼"和"随求即得大自在陀罗尼"经文，西经幢经文后刻有建幢记，文末署"天下大元帅吴越国王建，时大宋开宝二年乙巳岁闰五月日"。

梵天寺为五代吴越国名刹，后梁贞明二年（916）钱镠迎鄞县阿育王寺释迦舍利塔到杭州时建城南塔珍藏。后城南塔毁于火，乾德三年（965）吴越国王钱弘俶重建。今天梵天寺已毁，仅存两座南北相对的经幢，2001年被列入全国重点文保。双幢结构基

灵隐寺双塔   梵天寺经幢

本相同，南北对峙，幢高 15.76 米，基座雕有覆莲、幡龙、菩萨像等。其上是八角形幢身，南幢身刻有《大随求即得大自在陀罗尼经》，北幢身刻《大佛顶陀罗尼经》，均刻"乾德三年乙丑岁六月庚子朔十五日甲寅日立，天下大元帅吴越国王钱俶建"。

宋代墓葬

除岳飞墓以外，杭州还有林逋、沈括等北宋名人墓，以及牛皋、张宪、陈文龙等南宋陵墓。此外南屏山一带还有后妃与皇子墓葬，多已不存，太子湾公园即得名于庄文太子与景献太子的攒宫。

林逋墓

林逋墓位于西湖孤山北麓放鹤亭西南。钱塘人林逋（967—1028）生前筑庐孤山隐居二十余年，以种梅养鹤、赋诗作书名世，是北宋著名的隐逸诗人，死后葬于孤山，宋仁宗赐谥"和靖先生"。林逋墓历代屡有重修，1986年在原墓址上重建，2009

林逋墓

年初清理发现下面原墓冢和挡墙等尚存，按原样修复，并在墓园区恢复围墙。现墓坐南朝北，为圆形，墓壁为圈座式，下青石围砌，上封土植草，墓前立"林和靖处士之墓"碑。林和靖墓现为杭州市文物保护单位，是孤山唯一从未迁徙的陵墓，也是孤山文化内涵的核心元素之一。

沈括墓

沈括墓位于杭州市余杭区良渚街道安溪村太平山南麓，今杭州市公安局安康医院内。钱塘人沈括（1032—1096）是北宋熙宁年间重要官员，因著有《梦溪笔谈》被英国科学家李约瑟称为"中国科学史上的坐标"，"中国整部科学史上最卓越的人物"。沈括墓早年遭受破坏，1983年文物普查时，根据《钱塘县志》《杭县志稿》、民间口述等线索重新发现石翁仲一对及北宋青瓷划花碗残片、北宋古钱币数枚。此后沈括墓得以重建，立"宋故龙图阁

沈括墓

直学士沈括之墓"碑，墓道两侧立原石翁仲一对外，后期又增设石马、石羊各一对。

张宪墓址与牛皋墓

张宪与牛皋是岳飞最重要的部将，他们的墓葬也在栖霞岭周围。张宪墓址位于西湖景区栖霞岭西的仁寿山麓、东山弄南侧一小丛林内。四川阆中人张宪（？—1142）弱冠从军于岳飞麾下，骁勇善战，屡立战功。绍兴十二年（1142）张宪与岳飞父子一同被害，绍兴三十二年（1162）冤案昭雪，嘉泰四年（1204）追赠为宁远军承宣使，宋理宗时景定年间追赠为烈文侯，同时在马岭山（今仁寿山）建张宪墓。张宪墓屡建屡毁，明正德十四年（1519）重修。张宪墓直到建国初期其规模还依稀可辨，后逐渐湮灭。杭州市政府于2004年重新修缮张宪墓遗址，现墓址上有明正德《新建宋张烈文侯祠记》残碑、柱础、栓马石、石虎等。

张宪墓遗址

牛皋墓位于杭州市西湖景区栖霞岭社区剑门关紫云洞东。牛皋（1087—1147）是河南鲁山人，南宋抗金将领。牛皋墓始建于南宋，历代屡有修建。现在的牛皋墓是1983年重修，坐西朝东，圆形圈座式，立"宋辅文侯牛皋之墓"碑，右侧存光绪二十五年（1899）《重修辅文侯牛公墓记》碑。墓道前立石牌坊，坊柱镌明徐渭撰"将军气节高千古，震世英风伴鄂王"楹联。

陈文龙墓

陈文龙墓位于宝石山葛岭南坡静逸别墅东侧。兴化军（今福建莆田）人陈文龙（1232—1276）是孝宗朝名臣陈俊卿的曾孙，官至参知政事。南宋末年元军入闽，陈文龙发兵自守，兵败被俘至杭州，绝食自尽。现墓为1929年重修，圆形圈座式，立"宋参知政事陈忠肃公墓"碑。

陈文龙墓

宋桥宋井

忠义桥位于杭州市留下老街西溪河上，为单孔圆弧形石拱桥，长 16.24 米，宽 3.65 米，拱净跨 8.09 米，拱矢高 4.26 米，除桥面踏步和栏板有更换外，桥身结构基本保存完好。忠义桥拱券东、西两侧南宋题记，东侧拱券题"鸿因恭为祝延圣寿无疆，文武百寮，增崇祝釐，风调雨顺，谷果丰登，永息兵戈，万民乐业"，西侧拱券题"福禄奉为舍钱米，施主报答四恩三有，各祈如意。嘉定戊寅四月，禄囗白都幹缘僧同幹道友等"，据此确定忠义桥建造年代是南宋嘉定十一年（1218）。2019 年忠义桥被列为第八批全国重点文物保护单位。

杭州古井众多，解放路西段井亭桥边的相国井，以及皮市巷上、下四眼井，相传均为唐代李泌所开。宋代古井在净慈寺内就有两口，此外著名的宋井还有钱塘第一井与上八眼井，都在河坊街一带。钱塘第一井在大井巷内，为浙江省重点文物单位，相传为吴越国僧人德韶（891—972）初凿。第一井初凿时周长四丈，规模甚大，号称"吴山第一泉""寒泉""吴山井"。南宋绍兴年间因常有人落井溺亡，太尉董德之用大石板盖住并留有六个井口。

忠义桥

钱塘第一井

上八眼井

淳祐七年（1247）杭城大旱，唯此井不涸，故《梦粱录》记载"钱塘第一井，山脉融液，泉源所钟，不杂江湖之水，遇大旱不涸"。明弘治年间井口改为五眼，至今不变。

上八眼井也开凿于宋代，位于杭州市西湖景区吴山粮道山上，紧邻杭州博物馆，现被列为杭州市文物保护单位。因有四大四小八眼井口，而粮道山下原来另有八眼井，故称上八眼井。

穿越回归皇城临安

南宋御街

南宋临安城的布局，今天仍可以通过几条主干道得以辨认。除环城东路、复兴路、环城西路、环城北路构成的临安城大致范围之外，今天的中山路、凤起路构成了南宋的南北主干道即所谓的御街，而今天主城区东西方向的三条主干道庆春路、西湖大道、河坊街，分别贯穿了南宋临安城的东西城门。其中庆春路大致是东自钱塘门，西至东青门、北土门；西湖大道是东自丰豫门（涌金门），西至崇新门、南土门；河坊街则是东自清波门，西至新开门、竹车门。

南宋临安城的御街也称"天街"，大致构成贯穿南北的中轴线。御街出宫城和宁门至景灵宫，大约以今天万松岭路与凤凰山脚路交叉口为起点，沿中山南路、中山中路往北，至凤起路折西至今天杭州第十四中学凤起校区为终点。南宋的中央衙署集中分布在宫城北门和宁门外，但因为没有皇城的界限，朝廷衙署在店铺、居民之间"见缝插针"，形成了"六部前丁香馄饨"这样的独特景观。

临安最重要的衙署、祀庙、宅第与商市皆分布于南宋御街沿途，临安城内大约有一半人口汇集于此。御街以朝天门（今鼓楼）和观桥（今贯桥）为界可以分为三段，从今天万松岭到鼓楼的南段多为中枢机关及文武百官的住所，属于政治中心与权贵住宅区；鼓楼到众安桥的中段属于住宅区与商业区，特别是今天羊坝头、官巷口一带是南宋的市井娱乐中心；从众安桥至武林路、凤起路口的西北段多是文化教育机构与宗教场所。

中山南路

以南宋皇城和宁门为起点，沿中山南路向北至鼓楼，是御街的第一段。在皇城至朝天门一带的御街沿线设有太庙以及三省六部、枢密院、五府等重要机构，可以理解为皇城的范围之内。

1. 和宁门外

南宋的和宁门就在今万松岭路、凤凰山脚路交叉口，现在这里有一间餐厅，墙上还写着"和宁门外"四个大字。从凤凰山脚路往南再行数步，就可以看到"临安城遗址（皇城遗址）"的全国重点文物保护单位的文保牌。

从"和宁门外"沿万松岭路东向行至中山南路，稍北至浙江中烟工业有限责任公司，这里东侧为南宋待漏院，西侧为南宋待

凤凰山脚路与万松岭路：和宁门

中山南路 77 号，浙江中烟工业有限责任公司

班阁。和宁门为大臣上朝所经之处，阁门掌朝参、朝贺、上殿等礼仪规范。南宋皇城东华门在烟草公司更东，东华门北面为四方客省馆，也就是举行大礼仪时接待王公贵臣、地方州府及外国使臣的地方。

2.三省六部署

浙江中烟往北，中山南路东侧有元代的凤山水城门遗址，稍北有称为"六部雅院"的仿古建筑，再往北是古凤山门址。这一带就是南宋三省六部官署所在，凤山水门遗址处就是南宋六部桥的位置，现在仍有六部桥公交车站。中山南路的西侧现在是利星名品广场，差不多是南宋太平惠民局南局的位置。

南宋中央最高政务机构是三省和枢密院，分掌文武大权。三省为尚书省、中书省、门下省。元丰改制后，三省长官名义上为

凤山水城门遗址：部桥

中山南路 58 号六部雅院：南宋三省六部官署　　中山南路 77 号利星名品广场，太平惠民局南局

宰相，实不除人。南宋建炎三年（1129），中书、门下二省合并为中书门下省，以左、右仆射兼同中书门下平章事为左、右相。南宋时将三省管辖的茶盐所、会子所、公田所、封桩安边所合称为"省所"，官署位于三省大门内。枢密院在南宋时也与三省合署办公。枢密院是最高军事机构，南宋以宰相兼知枢密院。都堂是三省与枢密院商议政事的地方。枢密院官署虽位于都堂的东面，实际上只是枢密院办事机构工作人员在此办公，枢密院的长官平时都在都堂办公，以便与三省议事。尚书省下设有吏、户、礼、兵、刑、工六部，下设二十八司。六部官署在三省枢密院南部。绍兴二十七年（1157）尚书省奏请扩建六部，将六部移入三省都门内。

三省六部遗址于 1995 年发掘，面积有 1250 平方米，发现一处南宋大型官衙房屋基址，包括门楼、走廊、房基三部分，门楼有柱础石、砖铺走廊，廊沿边有矮墙和仿木砖雕花几，房基可分为前厅、天井、后厅，并有水沟、暗井等排水设施发达。此外还出土了南宋瓷片及"官"字款铭文砖等。2004 年又在严官巷发掘掘都堂北围墙及排水设施遗迹，从而确定三省六部官署的北界，此处现在已辟为南宋遗址陈列馆。

沿中山南路继续向北至严官巷，今严官巷南宋御街考古发掘点，这里曾有南宋的玉牒所。玉牒所编纂和保存宋朝历代皇帝及宗室族谱档案。南宋初玉牒所曾因战乱停罢，建炎三年（1129）四月，宋高宗诏令将玉牒所并入太常寺，以太常少卿兼领寺事。

中山南路 199 号、严官巷，南宋遗址陈列馆：玉牒所

绍兴十二年（1142）复置玉牒所，以宰辅为提举。绍兴二十年（1150）于旧车辂院创玉牒所及宗正寺。

3. 白马庙

今严官巷至白马庙巷之间，南宋时有白马庙。白马庙巷时称粮料院巷，后粮料院徙走。白马庙奉祀"泥马渡康王"传说中的白马。靖康元年（1126）康王赵构受命使金求和，在磁州被守臣

中山南路东、白马庙巷交叉口：白马庙

宗泽及当地军民劝阻北上，于是赵构转辗渡河南下。传说赵构是获得磁州地方神崔府君的神意才决定南下，渡河时有金兵追击，崔府君祠内泥塑白马突然降临驮赵构渡河。赵构称帝并定都杭州后，除建显观奉祀崔府君庙外，又在此建庙供奉祀驮他渡河的白马。

4.太庙、韩侂胄宅

白马庙巷以北是吴山之紫阳山东麓，紫阳山南宋时称瑞石山，今有瑞石亭与瑞石四眼井。今天紫阳山东麓有通玄观造像与太庙遗址。太庙遗址南的太庙巷，南宋时曾是权贵韩侂胄的府第。韩侂胄是北宋名臣韩琦的曾孙，因在绍熙政变中扶立宋宁宗而获得权柄。韩侂胄在太庙附近的府第一直延伸至吴山阅古泉，因此可以从自家府第俯视太庙。韩侂胄败亡后，"尝凿山为园，下瞰宗庙"也成为他的罪状之一。

中山南路东，太庙巷内：韩侂胄府。

5.高宗吴皇后宅

太庙遗址对面，过中河福德桥至皇城花苑一带，南宋时为州桥东的高宗吴皇后宅。宋代的皇后宅是御赐具有家庙性质的宅邸，主要功能为供奉祖先、家庙祭祀，皇后归家时也可拜谒，也可供皇后家人居住。为皇后建设家宅是宋代独创的制度，始于北宋仁

皇城花苑：吴皇后宅

宗年间，南宋孝宗时期将皇后家庙制度予以细化，与官员家庙在建筑规制上大致相同，为一堂五室。绍兴十三年（1143）吴氏册封为皇后，按礼制赐皇后宅，实际由其弟吴益居住。宋

高宗与吴皇后皆喜翰墨，吴益亦有书名，并娶秦桧长孙女为妻。吴皇后经历高、孝、光、宁四朝,83岁去世,对南宋政治影响极大。

6.五府、天庆观、大宗正司

太庙广场北侧，今察院前巷小区，是南宋五府所在地。1996年在小区工地上发掘出了大型夯土台基、散水等遗迹。五府是"两参政、三枢密"的简称，包括参知政事（副宰相）、枢密院长贰官，均为宰执级别官员，分管文武大权。五府由官府营建，是执政官居住的宅邸区，并不只有五座府邸，而是这一带高级官员住宅的统称。

察院前巷西则为大马弄、吴山新村，在南宋是为保民坊，坊内从南至北排列着太府寺、司农寺、将作监、军器监、审计司、大宗正司官署。北宋时期有九寺五监，南宋时将与六部职能重复

中山南路东，察院前巷小区：宋五府

中山南路东，大马弄：太府寺、司农寺、将作监、军器监、审计司等

中山南路东，十五奎巷南，四牌楼丁衙巷：天庆观

中山南路东，城隍牌楼巷以南：大宗正司

的机构进行省并，保留了名称的机构只剩下五寺三监，即太常寺、宗正寺、大理寺、司农寺、太府寺、国子监、将作监、军器监，其衙署就在这一带。

　　大马弄西的四牌楼、丁衙巷一带，宋朝是天庆观。这里原有唐代的紫极宫，五代后梁开平二年（908）吴越国改名为真圣观，北宋大中祥符二年（1009）又易名天庆观。大马弄北今城隍牌楼巷以南，是南宋的大宗正司，掌亲属宗庙之事。建炎年间，由于战争影响，大宗正司由建康迁广州、绍兴等地，称为行司。绍兴元年（1131）始在行在置大宗正寺，乾道七年（1171）绍兴府大宗正行司归并进临安大宗正司。原来与开元宫相邻，在今杭州市公安局附近，绍定四年（1232）遭火灾后重建于此。

7. 天庆观与施公庙

城隍牌楼巷以北有十五奎巷，宋时曾有剧院、街头戏剧表演、街头杂耍等，是当时比较繁华的娱乐地段。出十五奎巷至中河有望仙桥，十五奎巷32–33号历史建筑处，有一块"施公庙旧址"石碑。南宋施公庙供奉东平人（今山东泰安）施全，他原是殿前司低级武官，绍兴二十年（1150）在望仙桥刺杀秦桧，失败后被磔于市。传说杭城曾造72座祠庙祭祀施全，其中以离望仙桥行刺现场最近

十五奎巷32–33号历史建筑：施公庙旧址

中山南路468号望仙阁：南宋手工作坊遗址

的十五奎巷施公祠最为著名。十五奎巷靠近鼓楼一端今有望仙阁，其地基曾于2010年发掘出南宋手工作坊遗址，有灶、水池、踏步档等遗迹，推测为南宋的染坊遗址。

中山中路、中山北路

从鼓楼继续向北，沿今南宋御街景区向北，进入中山中路，过众安桥进入中山北路段，直至贯桥，是御街的第二段。这一段御街南北贯穿城市的中、北部，是居民区和商业区。城内虽设有九厢以利管理，但官署与坊巷、民居杂处。鼓楼以南属于皇城，鼓楼以北则是市井，御街两侧允许开设商铺，瓦舍密集分布在这一带御街两侧，热闹非凡。

1.朝天门、进奏院

从望仙阁往北即是鼓楼，鼓楼是中山南路与中山中路的分界，也是杭州新建"南宋御街"景区的南端。鼓楼在南宋时为朝天门。

中山南路 501 号鼓楼：南宋朝天门

御街的开端和宁门是宫城（大内）的北门，朝天门则是皇城的北门，三省六部等中央官衙主要分布在朝天门以南，也是官民区隔的分界点。不过临安城内并没有完整的皇城城墙，朝天门算不上真正意义上的城门，而更像是一座牌坊式高楼。

今天的鼓楼小广场在南宋时有进奏院。进奏院是掌管奏章、文书的投递和承转的机构，位于朝天门北、御街西侧吴山余脉伍公山麓。伍公山在南宋时称石佛山，今伍公庙之西有海会寺遗址，海会寺在南宋时称"吴山智果院""瑞云院"。

2.瓦舍与酒楼

出朝天门，从鼓楼至西湖大道凤凰寺一带，现已开发为"南宋御街"旅游景区，往北延伸至开元路、清泰街，都是南宋热闹繁华的商业与娱乐中心，高级酒楼与瓦舍勾栏都集中在这一带。宋代瓦子勾栏是新型的市场形态，北宋开封有九处瓦子，以娱乐为业，商业次之，四季昼夜营业。南宋临安瓦子由官方建设与管理，数量多达二十余处。

鼓楼往北现为清河坊历史文化特色街区，这里南宋时仍有不少衙署。再北至高银街、光复路一带真正进入南宋的娱乐中心。今光复路在南宋时为市河，俗呼小河，今已填塞不存。过今天高银街上有跨南宋小河的清冷桥，即为临安城的南瓦子，《梦粱录》记载"南瓦子北卓道王卖面店，腰棚前菜面店，熙春楼下双条儿划子店"，"腰棚"即为南瓦内的一处勾栏，而南宋的大酒店"熙春楼"为杭州留下了一个地名，即光复路与高银街交叉口的"熙春弄"。

从高银街沿"南宋御街"（中山中路）往北至惠民路段，与南瓦子隔小河相对，又有中瓦子及元楼酒楼。《梦粱录》载"中瓦子前卖十色糖。更有瑜石车子卖糖糜乳糕浇，亦俱曾经宣唤，皆效京师叫声"，而南瓦熙春楼、中瓦三元楼是杭州首屈一指的酒楼。

高银街、光复路交叉，熙春弄：南瓦子、熙春楼

中山中路之高银街自惠民路段"南宋御街"：中瓦子、三元楼

中山中路与西湖大道交叉西南处，万源绸庄　中山中路、开元路交叉口：南宋名人群像
旧址：大瓦子等

"御街"将至惠民路的中山中路112号现辟为"南宋御街陈列馆",这里保留了南宋御街的考古遗址。作为景区的"南宋御街"的最后一段,沿中山中路从惠民街至西湖大道段,差不多就是南宋大瓦子一带。中山中路从西湖大道至开元路相当长的一段,在南宋是修义坊、富乐坊、敦睦坊等住宅区,现在开元路口、民国建筑兴业银行旧址对面,有一组大型的南宋名人塑像群雕。

3. 沂王府（龙翔宫）与三皇后宅

在南宋热闹非凡的酒楼瓦舍西侧,也即今天中山中路西侧南起河坊街、北至惠民路一带,有一条从南宋保存至今的后市街。这里曾居住过一帝三后,从今天高银街路口的高银巷小学往北,依次是光宗李皇后宅、理宗谢皇后宅、沂王府（龙翔宫）与哲宗孟皇后宅。

孝宗有三子,长子赵愭去世后,孝宗越次立三子赵惇为太子。次子赵恺有子赵抦,后封沂王,沂王府就在今后市街。嘉定十四年（1221）,宗室赵与莒被过继给沂王赵抦为嗣子,改名赵贵诚。嘉定十七年（1224）宁宗病危,赵贵诚被立为皇子,改名赵昀,宁宗去世后继位为宋理宗。淳祐四年（1244）理宗将沂王府改建为道教宫观,赐额"龙翔"。元代龙翔宫改为寿宁寺,又于城西

后市街杭州市高银巷小学：沂王府（理宗潜邸、龙翔宫）

重建龙翔宫，即今杭州龙翔桥一带。作为理宗潜邸的沂王府改为龙翔宫之后，沂王府又迁至岳王路、庆春路一带。

4. 宗学

中山中路从开元路北行，经解放路、平海路，在南宋是大型住宅区，包括富乐坊、众乐坊、教睦坊、积善坊、秀义坊、寿安坊、修文坊、里仕坊、保信坊、定民坊。今平海路往北石贯子巷，就是南宋的睦亲坊，巷名来源于十官宅，因宋时有宗室之子十人居此而得名。十官宅旁设有宗学，位于中山中路平海路口西南侧，今岳王路附近。2012年杭州市文物考古所对浙江大学医学院附属妇产科医院南侧进行考古发掘，发现以南宋时期建筑遗迹居多，有房屋夯土台基、路面、天井、排水沟等，出土瓷器残片、建筑构件、铜钱等，推测为南宋时期宗学所在地。宗学制度为宋代首创，统招宗室子弟进行集中教育，不以王府宫院或亲疏远近为限，始建于北宋元祐元年（1086），不久罢置，宋徽宗建中靖国元年（1101）

中山中路西，石贯子巷：睦亲坊

中山中路西，岳王路 38 号浙大妇科医院：宗学。

复建。南宋绍兴四年（1134）在睦亲坊置皇族子弟学校称"宫学"，嘉定九年（1216）改称宗学。

5. 和丰楼、春风楼、下瓦子

从岳王路北出庆春路，今天娃哈哈美食城一带，有南宋的南上酒库，即"和丰楼"，这一带也是下瓦子（北瓦），稍北在今楚妃巷附近还有春风楼。"楚妃巷"是南宋"醋坊巷"所讹，而南宋"巷以醋库名"又是因为附近有"酒库所讹"。

南宋官办酒库都有一至两座高级酒楼，属户部点检所管理。南上酒库与"和丰楼"是临安 13 家官办酒库之一，其他还有东酒库"泰和楼"，西酒库"西楼"，南酒库"和乐楼"，北酒库"春风楼"，

中山中路、庆春路交叉口，岳王公园、娃哈哈美食城：南上酒库（和丰楼），北瓦（下瓦）

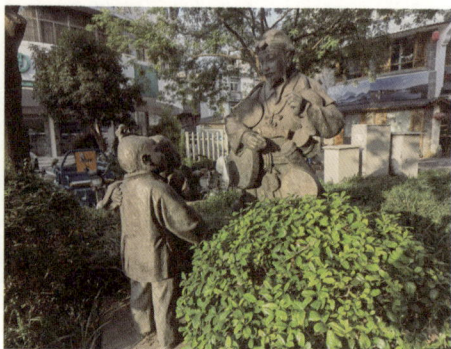

中山中路东，楚妃巷：春风楼

西子库"丰乐楼""太平楼"，中酒库"中和楼"，以上为城内八家。
而下瓦子是主要为宗室子弟提供服务的消费娱乐聚集区，有勾栏
13座，能同时演出几十种剧目。

6. 仙林寺、文思院、怀远驿

中山中路过庆春路为中山北路，中山北路南端东有仙林苑，
春蕾中学在仙林北苑内。南宋的仙林寺在今春蕾中学的位置，仙
林南、北两苑之间的仙林桥直街因仙林寺而得名。仙林寺建于宋
绍兴三十二年（1162），元至正年间张士诚改为军器局，明洪武
四年（1371）重建，1929年仙林寺内办起学校，至今发展为春蕾
中学。

中山中路东，仙林桥直街，仙林苑、春蕾中学：仙林寺、文思院

仙林苑内有军督司巷，仙林苑北有上焦营巷，除仙林寺，这一带还有北宋的吉祥寺，苏轼判杭时曾于此赏牡丹，南宋改为军头司、文思院，文思院"掌金银犀玉工巧之物，金彩绘素装钿之饰，以供舆辇、册宝、法物及凡器服之用"。军头司东为怀远坊，南宋有怀远驿，是接待外国宾客使者的地方。

7. 陆游故居

仙林桥直街西端，中山北路的对面，是今孩儿巷，南宋时叫砖街巷。今天孩儿巷98号有南宋著名诗人陆游的纪念馆。淳熙十六年（1189）陆游任礼部郎中时曾随御驾幸景灵宫，当时陆游"寓砖街巷街南小宅之南楼"，著名诗句"小楼一夜听春雨，深巷明朝卖杏花"便作于此前三年，推测"亦作于此地也"。清代孩儿巷南的山子巷内有淳熙四年（1187）古井石栏，丁丙《当归草堂诗集》中认为此即陆游小楼春雨、深巷杏花之寓所。1999年孩儿巷居民住宅拆迁时重新发现丁丙认定的陆游寓居南楼，2002年该民居停止拆迁，2005年辟为"陆游纪念馆"与"下城区文史资料陈列馆"。

中山中路西，孩儿巷98路：陆游纪念馆

235

8. 报恩光孝观

中山北路北行过孩儿巷，即仙林苑北区、上焦营巷对面为观巷。这里是南宋的报恩坊，报恩坊内有报恩光孝观，"观巷"得名于此。报恩光孝观原是吴越国时的开元宫，后改为天宁万寿观。宋徽宗去世后，高宗改万寿观为报恩光孝观专祀道君皇帝。

中山中路西，观巷：报恩光孝观

9. 社稷坛

中山北路过凤起路，东侧今有社坛苑小区、社坛巷，这里是南宋的社稷坛。太社、太稷实为两坛，分祀土谷之神。南宋于绍兴十三年（1143）筑社稷坛，以春秋二仲、腊前一日祭。北宋有"左祖右社"的规制，太庙与社稷坛对称分布，南宋则太庙在御街南端，社稷坛在御街北端。

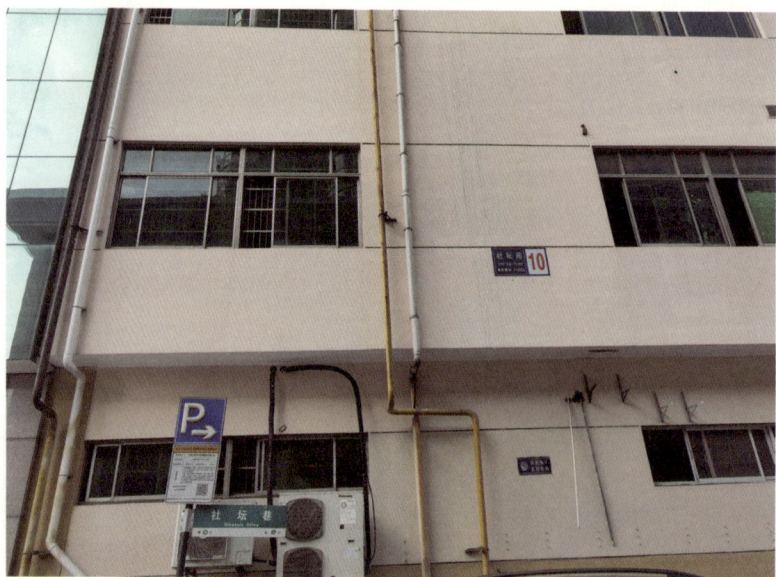

中山北路东，社坛巷：南宋社稷坛

凤起路西段

在中山北路、凤起路交口向西拐，沿凤起路至杭州第十四中学凤起校区附近，大概是南宋御街第三段，御街的尽头即南宋景灵宫。这一带有南宋礼部贡院与诸多皇家寺观，太学也在附近，称得上是临安城内的文化与宗教活动中心。

1. 礼部贡院

中山北路至凤起路往西，有麒麟街，麒麟街对面皇亲巷小区一带，是南宋的礼部贡院。礼部贡院试各地进士，以净住寺改建。皇亲巷小区东北有余官巷，宋称"皮场巷"，南宋时与贡院为邻，礼部贡院应试者多在皮场巷的土地庙祈祷考试成功。南宋临安另有两处贡院，州治贡院在钱塘门外王家桥，试京城之士；漕司贡院在北关门外湖州市，即今湖墅，试两浙寓士等。

凤起路、麒麟街交叉，皇亲巷小区：礼部贡院

2. 祥符寺

礼部贡院以西的浙江经贸大楼，在南宋是祥符寺。吴越国高僧、奉宋太宗诏令修撰《大宋高僧传》的赞宁即受业于祥符寺。凤起路与延安路交叉的西北口有唐开成二年(837)的龙兴寺经幢，高4.20米，经幢的陀罗尼经文为唐代书家胡季良所书，现为国家重点文物保护单位。清代俞樾《龙兴祥符戒坛志序》指出，"龙兴、

凤起路、延安路叉口东北，浙江经贸大楼：祥符寺遗址

凤起路、延安路交叉口西北龙兴寺经幢

祥符、戒坛，古一寺也”，则南宋龙兴寺经幢在祥符寺内。因毗邻贡院，南宋的期集院也在祥符寺内。期集院又称状元局，是新科进士会集庆贺的地方，宝祐四年（1256），二十一岁的文天祥考中状元，在理宗“赐御馔”后，就在和宁门上马“迎入期集所，又名状元局”。

3. 景灵宫、万寿观、太乙宫

从延安路往西沿凤起路前行至今武林路、环城西路一带，北侧今安吉路实验学校、第十四中学一带是南宋的景灵宫，南侧今武林凤起城则是万寿宫与太乙宫。这一带可谓是南宋的道教中心。

今凤起桥河下，原是南宋的清湖河，凤起路的位置宋代有新庄桥，清称"教场桥"，1931年改称"凤起桥"。南宋的景灵宫在新庄桥西，是南宋供奉先帝神御之所，绍兴十三年（1143）以刘光世旧宅改建而成，绍兴二十一年（1151）又以韩世忠旧第扩建，有"前殿五楹，中殿七楹，后殿十有七楹，斋殿、进食殿皆备焉"，规模宏大。景灵宫南侧的万寿观供奉昊天上帝、圣祖、长生帝及宋朝列帝，万寿宫南侧的太乙宫祀五福太乙神。

凤起路北、武林路，安吉路实验学校、杭州第十四中：景灵宫。

凤起路南、武林路，武林凤起城：万寿观、太乙宫

钱塘门到东青门：庆春路

沿着今天的庆春路自东而西行走，大概就是南宋钱塘门至东青门一线。钱塘门位于今湖滨六公园一带，湖滨与庆春路交叉口有钱塘门考古遗址，庆春路西端有"古钱塘门"碑。东青门在今庆春路与东清巷交口，从钱塘门沿今庆春路至众安桥，这是临安城东西主干道之一。今庆春路以北南宋为仁和县境，庆春路以南为钱塘县境，所以庆春路也是原来杭州市上城区和下城区的分界线。

钱塘门遗址

庆春路望湖宾馆、广厦西湖时代广场：迁徙前后的南宋钱塘县治遗址

1. 钱塘县治

庆春路西端的望湖宾馆，即唐宋时钱塘门内的钱塘县署，门以县名。《咸淳临安志》记载："县治，旧在钱塘门里三十步（今景灵宫车马门里是也，去本州旧治九里）。后徙于纪家桥之西北，以华严寺故基建，去府治四里。"据此，南宋时钱塘县治稍稍南移，位置大概在今广厦西湖时代广场。

2. 大理院原址

庆春路与武林路交叉口，南宋时是钱塘门内清湖河上的纪家桥，又称"小车桥"。小车桥一带清代为按察司署，民国改为陆军监狱，1997年建海华大饭店后小车桥消失。这一带今天的望湖

庆春路海华大酒店：南宋大理寺原址　　　　风波亭

杭州城建陈列馆：岳飞宅

庆春路、延安路，浙江医科大学旧址、嘉里中心：南宋太学

宾馆、海华大酒店，南宋初为大理寺。传说岳飞遇害于大理寺狱
的风波亭，现今湖滨正对教场路处新建了风波亭纪念岳飞，楹联
称"有汉一人，有宋一人，百世清风关岳并；奇才绝代，奇冤绝代，
千秋毅魄日星悬"。绍兴二十年（1150），钱塘门内大理寺地块并
入景灵宫，大理寺迁至万岁桥西，即今体育场路、百井坊巷一带。

3. 太学（岳飞宅）

今庆春路与延安路交叉口俗称为红楼的历史建筑，以及稍北
的大型商城嘉里中心（原浙江医科大学校址），在南宋是由岳飞

庆春路、延安路：南宋武学

旧宅改建的太学。太学稍北，今天过庆春路、延安路的东北口浙江茶叶大厦处，大概是南宋武学的位置。

绍兴十一年（1141）四月，韩世忠、张俊、岳飞三大将被召赴临安，岳飞为枢密副使。岳飞上奏请求允许妻儿搬至临安城居住，于是朝廷赐宅于前洋街，即今杭州城建陈列馆、嘉里中心一带。岳飞遇害后，绍兴十三年（1143）宋廷以抄没的岳飞宅改建南宋太学。南宋太学内部，西为孔庙，中为讲学的崇化堂，又有收藏历朝教育相关御札的首善阁，孝宗淳熙年间又建"光尧石经之阁"放置高宗御制石经。孝宗朝诏复岳飞官职后，太学东侧又建忠祐庙奉祀岳飞。元代南宋太学改为西湖书院，明清时这里是浙江按察司衙署，清末改建为浙江高等审判厅，民国时期改为浙江高等法院及杭县地方法院，红楼即建于此时。1949年6月在此建立杭

州市人民法院，1952年划
归浙江医学院，后并入浙
江大学，是为浙江大学湖
滨校区。

4. 刘光世宅

南宋的祥符桥南有明
庆寺，明庆寺南木子巷有
刘郿王府即刘光世宅，大

延安路、孩儿巷：刘光世宅

概在今嘉里中心的北区至浙江省口腔医院的位置。刘光世是中兴
四将之一，绍兴八年（1138）宋金第一次绍兴议和后，宋高宗收
刘光世兵权，擢其为少师并赐第临安。刘光世赐第原在新庄桥西
即后来的景灵宫一带，绍兴十年（1140）刘光世病逝，绍兴十三
年（1143）其家人为建景灵宫献宅，刘宅迁至此地。

5. 左藏库

庆春路往东过延安路，
南侧有菩提寺路，菩提寺
路口今浙江梅地亚宾馆，
这一带南宋时是潘阆巷的
左藏库等。左藏库是南宋
最大的财库，受纳四方财
赋收入，以供中央、地方
开支及文武官吏、军兵俸
禄与赏赐等。宋高宗南渡
时，草创左藏库于和宁门

庆春路、菩提寺路，梅地亚宾馆：左藏库

东北角，地方狭隘不敷库藏，绍兴二十三年（1153）因韩世忠献
府建左藏库于此。

庆春路马寅初纪念馆、金融大厦一带：前洋街韩世忠宅

6. 韩世忠宅

庆春路往东过菩提寺路数百米，北侧今马寅初纪念馆至"金融大厦"一带，南宋时是中兴名将韩世忠在临安前洋街的宅第，南宋《京城图》上标注为"韩蕲王府"。韩世忠第一次赐第在清湖桥西，后来献宅建左藏库，第二次赐宅在新庄桥西，后来献地并入景灵宫，这时韩世忠已去世，家人在前洋街择地建宅。

7、秀王府

马寅初纪念馆以北竹竿巷，南宋时为后洋街，淳熙十五年（1188）孝宗赐秀王府于后洋街北，秀王是指孝宗的兄第赵伯

竹竿巷：秀王府

圭。孝宗的父亲赵子偁是赵匡胤六世孙，孝宗继位前已去世，绍兴三十二年（1162）孝宗立为太子时追封为秀王，以其长子赵伯圭为嗣秀王。竹竿巷东为永丰巷，南宋时有永福院，是嗣秀王的香火院。

皮市巷：南宋皮市

8、盐桥

庆春路的中山中路、中河中路段南宋时是下瓦子。庆春路与中河中路交叉，今有庆余亭，北宋时江海入城之盐船停泊在此，故名盐桥。这一地带因盐桥运河交通之便，出现了许多聚集性商业活动，稍东的皮市巷、马市巷，均由宋代的市场而得名。再往东是浙江大学第一附属医院、东河、建国中路，浙一医院对面有东清大厦，这一带已接近南宋时的东青门。

9、皇城司与金、银枪班

从皮市巷往南至清吟街，是南宋皇城司。皇城司是属于禁军系统的宫禁宿卫与情报刺探机构，"清吟"即为"亲营"之讹。皇城司东南，今小营巷以南有银枪班巷，南宋时这里是禁卫军金枪班、银枪班的驻地。宋代禁军由殿前司与侍卫司总领，金枪班、银枪班属殿前司骑兵营，从禁军中选拔善用枪槊者，约有二百人。

清吟街：南宋皇城司

小营巷、银枪班巷：南宋殿前司军营

涌金门（丰豫门）到崇新门：
西湖大道、佑圣观路

西湖大道西端涌金公园，南宋时为丰豫门，又称涌金门。后唐清泰三年（936）吴越国在城门内凿涌金池以引西湖水，南宋时有水口于涌金门北通西湖引水入清湖河，清湖河以涌金池为界，一支沿今浣纱路向北，一支沿劳动路向南。西湖大道东至建国路、东河，崇新门在今西湖大道稍北大约清泰街的位置。

古涌金门

1. 浙西安抚司、转运司

西湖大道西端，过直紫城巷有涌金广城，即南宋丰豫门北侧，曾有浙西路安抚司的主管机宜文字厅。宋代安抚司、转运司是路级派出机构，杭州在北宋属两浙路，南宋分为浙东路与浙西路。安抚司主管一路兵民之事，兼理狱讼、财赋等，南宋初浙西安抚

西湖大道、直紫城巷：浙西路安抚司

索菲特西湖大酒店：两浙转运司

司置镇江，绍兴五年（1135）移至临安府，端平三年（1236）才在丰豫门北建独立衙署。

西湖大道西端南侧，今劳动路以西索菲特西湖大酒店，即丰豫门南侧是南宋的浙西转运司衙署。转运司是诸路主要掌管财政的中央派出机构，也负责将州县地方情事上奏朝廷。北宋时两浙转运司在凤凰山置衙，孝宗淳熙年间浙西转运司迁至丰豫门内，元代改为都转运盐使司。

2. 台官宅、太常寺

西湖大道南、劳动路东侧，今清波商厦一带，南宋时为御史台官宅，御史台官署则在河坊街。明永乐年间在此建杭州织造府，因其朱红色大门而将这一带称为红门局，今"红门局"仍是这一

红门局、清波商厦：台官宅

红门局、耀江广厦：太常寺

带的路名。

西湖大道过延安路，清波商厦东对面今耀江广夏一带，南宋时为太常寺。南宋太常寺掌礼乐，下辖郊社署、太乐署、鼓吹署、教坊等礼乐机构。

3.宁宗韩皇后宅、庄文太子宅

沿西湖大道往东至定安路，北有杭州浣纱香溢宾馆，这一带南宋时是宁宗韩皇后宅。韩皇后是权臣韩侂胄的曾孙女，韩侂胄通过韩皇后以外戚身份掌控朝政。庆元六年（1200年）三十六岁的韩皇后病逝，韩侂胄势衰，始谋北伐以固权位。

沿浣纱路向北，经解放路、邮电路，今浙江省中医院一带南宋时是庄文太子赵愭的府第。赵愭是孝宗长子，乾道元年（1165）立为太子，史称乾道三年（1167）因误用药物病逝，年仅24岁。

浣纱路、香溢浣纱宾馆：韩皇后宅　　邮电路、浙江省中医院：庄文太子宅

4.杨存中宅

省中医院西、延安路南是今天杭州最繁华的湖滨银泰，南宋时这里是杨存中宅。杨存中也是南宋初年名将，本名沂中，高宗赐名"存中"，绍兴年间长期担任殿前都指挥使，深得高宗信任。杨存中宅原在大内附近，后来献宅迁建于此。《齐东野语》记载杨存中府第引西湖水绕宅，有房数百间，悬高宗御书"风云庆会"匾额，又建阁楼供奉御笔。

延安路、湖滨银泰：杨存中宅

5.福王府

西湖大道往东至中河，今涌金立交桥处南宋时为荐桥。涌金立交桥东南有万科金色诚品楼盘，这一带南宋时有福王府。福王赵与芮是宋理宗赵昀的胞弟、宋度宗赵禥的生父，理宗继位后封生父赵希瓐为荣王，度宗继位后又封生父赵与芮为福王。福王将

西湖大道、万科金色诚品：福王（赵与芮）府

大批房屋租赁给民间，收取租钱却不修漏雨之房屋，曾被投诉控告至知临安府马光祖处。元军入城后，福王作为皇家宗室之长，与全太后、恭帝一同被掳至大都（今北京）。

6. 四皇后宅

西湖大道自中河往东数百米至佑圣观路，佑圣观路在西湖大道北侧的华顺大厦南宋时有孝宗郭皇后与谢皇后的宅第。郭皇后是开封人，庄文太子赵愭、光宗赵惇的生母，孝宗继位前去世。谢皇后是孝宗的第三位皇后，宁宗朝74岁时以太皇太后身份去世。

佑圣观路往北过清泰街，西侧丰乐公寓一带南宋时是丰乐坊，有全皇后宅，全皇后是宋度宗皇后，也是南宋最后一位皇后，咸淳十年（1274）度宗去世，全皇后之子赵㬎（宋恭帝）继位，由理宗谢皇后以太皇太后临朝称制。元军入杭后，全太后与恭帝被押赴大都（今北京）朝见忽必烈，旋入正智寺削发为尼。

全皇后宅以西又有高宗生母韦太后宅。韦氏本为徽宗之妃，靖康二年（1127）被金兵掳去沦为阶下囚。绍兴十一年（1141）宋金和议后韦氏归国，高宗亲率文武大臣到临平镇举行隆重的迎接仪式。

佑圣观路、华顺大厦：孝宗郭皇后、谢皇后宅

清泰街、丰乐公寓：度宗全皇后、高宗生母韦太后宅

佑圣观路、水亭址：普安郡王府（孝宗潜邸、佑圣观）

7. 佑圣观（普安郡王府）

佑圣观路与水亭址交叉口一带是南宋孝宗的潜邸普安郡王府，孝宗继位前曾在此居住三十年，淳熙三年（1176）诏以潜邸为佑圣观，佑圣观路因此得名，元代佑圣观仍存。

清波门到新开门：
清波街、河坊街、望江路

清波门在今清波街、南山路交叉口，立有"古清波门"碑。清波门北有流福沟，是从西湖引水进城的五条明沟之一，河道向北至今西湖大道、劳动路口，与涌金池水汇合后流入清湖河，1999年扩宽河坊街时发现一段古河道遗址即为流福沟。清波街东端为吴山隔断，东行经吴山北麓河坊街，至吴山东麓望江路与清

清波门遗址

清河坊

波街遥相对接。望江路与建国南路交叉口差不多是南宋新开门的
位置，南宋从清波门至新开门对应今天的街道主要是清波街、河
坊街、望江路。

1. 宁宗杨皇后宅

从古清波门入清波街东行至吴山西麓的四宜路有中大吴庄楼
盘，南宋这里是宁宗杨皇后宅。杨氏是宋宁宗的第二任皇后，出
身低微而学识渊博，有三十余首宫词传世，也是中国绘画史上的
重要人物。杨皇后曾与史弥远联手诛杀韩侂胄并谋立宋理宗，在
宁宗后期、理宗前期形成与史弥远联合专政的局面。2001年杭州
市考古所对中大吴庄工地杨皇后宅进行抢救性考古发掘，发现南
宋时期五座建筑在夯土台基上的房屋基址，其中四座台基连成回
字形围合成相对封闭的长方形庭院，庭院内有水池及众多太湖石
叠累的假山，是全国首次发现保存完好的南宋园林遗迹。

四宜路中大吴庄：宁宗杨皇后宅

2.临安府治等

沿吴山西麓四宜路北行至河坊街北的柳浪东苑，柳浪东苑西侧有小巷称"荷花池头"，这一带是南宋临安府治所在。河坊街对面柳浪新苑与西湖名苑之间有府前街，这里南宋时是临安府的通判厅，两者构成了南宋临安府的主要衙署。北宋杭州州治改建为南宋宫城后，临安府治于绍兴二年（1132）迁至清波门北净因寺故址上。此后杭州府治历元、明、清三朝不改其址，直至1912年民国建立废杭州府。2000年荷花池头临安府治遗址考古中发现以厅堂为中心的封闭式建筑群，前有庭院，后有天井，周围有厢房和回廊环绕，规模宏大，营造考究。

临安府学在府治的北面，即今杭州孔庙。杭州孔庙更北的中国美术学院附属小学是南宋慈幼局、施药局的位置，对面吴山名

四宜路中大吴庄：宁宗杨皇后宅

府前街：临安府通判厅

杭州孔庙：南宋临安府学

劳动路：南宋楼店务等

苑是南宋楼店务、财用所等机构的所在。楼店务掌管房屋及邸店，计置出僦及修造之事，为宋代地方管理房地产税务之机构。这些官署连同张俊府，在元代改设为行宣政院，明代为浙江都指挥使司，清代改为浙江提督学政署。民国年间在此设省立杭州初级中学，即杭州第四中学前身。

3. 张俊宅

从柳浪东苑沿河坊街往西至华光路，即高银街两侧的吴山名楼、杭四中、吴山品悦、旧藩署及吴山北麓的一大片在建空地，可能都在南宋清河郡王张俊府第的范围之内。张俊是中兴四将之一，建炎三年（1129）在明州（今宁波）护驾取得所谓"高桥大捷"，绍兴十一年（1141）首纳兵权并参与陷害岳飞，绍兴十二年（1142）晋封清河郡王，绍兴十三

吴山名楼、杭四中等：张俊宅

年（1143）宋高宗赐第于此。张俊清河郡王府第建成后高宗亲临其家，盛况空前，"清河坊"也得名于张俊爵号。张俊贪婪好财，通过巧取豪夺占有大批园苑、宅第，包括雷峰塔寺前的真珠园，所占田地年租达六十万斛，府邸东侧、今太平坊巷附近的太平楼也是张俊产业。绍兴二十四（1154）年张俊去世，庆元年间其曾孙张镃在王府东面修建家庙，嘉泰二年（1202）郡王府毁于火灾，此后重建并保存至南宋灭亡。2001年，对吴山名楼工地抢救性考古中揭露张俊宅遗址面积1500平方米，发现南宋时期三处天井、两处房址、两条夹道、下水道及暗沟和一处蓄水池等遗迹，出土图案精美的瓦当、鸱吻等建筑构件，以及大型石狮、刻有瑞兽的石质基座、兵士操练所用的石球等遗物。

4. 秘书省

张俊府邸往东，差不多今吴山花鸟工艺品城位置是南宋秘书省监。秘书省监掌古今经籍图书、国史实录、天文历数，类似于国家档案馆，建筑有右文殿、秘阁、国史实录院著作庭、汗青轩《日历会要》库、经史诸子书籍库等，其中秘阁专门保存历代帝王诗画、

吴山花鸟工艺品城：南宋秘书省

古器和宋朝皇帝的诏书、图籍等。

5. 开元宫（万岁巷）

吴山花鸟工艺品城东的华光路，南宋时因宁宗继位前居住于此而称"万岁巷"。宁宗领养的皇子赵竑亦居于此，史弥远废赵竑而立理宗时特别交待迎沂王府（今后市等）而非万岁巷皇子入宫。宁宗继位后以潜邸改建开元宫，仪制参照佑圣观。万岁巷后来是元代江淮行中书省、明清布政使司所在，包括今旧藩署与杭州市公安局等区域。

华光路、杭州市公安局：南宋开元宫（万岁巷）

6. 御史台

今河坊街步行区内小井巷、大井巷之间的胡庆余堂，应该是南宋绍定五年（1232）重建御史台的所在。御史官职责为"纠察官邪，肃正钢纪。大事则廷辩，小事则奏弹"，京师命官犯罪审讯届须报御史台备案，并参与诏狱审理、疑难案件判决等。

大井巷、小井巷：南宋御史台

7.德寿宫

大井巷东出鼓楼，再过中河的望仙桥而至望江路。望江路西端是创办胡庆余堂的清末红顶商人胡雪岩的故居，胡雪岩故居北即南宋德寿宫的遗址。度宗时这里改建为宗阳宫，部分改为民居。现经考古发掘，这里已建成德寿宫遗址博物馆。

望江路、中河中路，德寿宫遗址博物馆：德寿宫

图书在版编目（CIP）数据

杭州寻宋 / 吴铮强 , 曾晓祺著 . –– 杭州 : 浙江大
学出版社 , 2022.12（2023.12 重印）
ISBN 978–7–308–23428–3

Ⅰ . ①杭… Ⅱ . ①吴… ②曾… Ⅲ . ①古城遗址（考古）
– 介绍 – 杭州 Ⅳ . ① K878.3

中国版本图书馆 CIP 数据核字 (2022) 第 245836 号

杭州寻宋

吴铮强　曾晓祺　著

责任编辑	吴　庆　宋旭华
责任校对	蔡　帆
责任印制	范洪法
封面设计	云水文化
出版发行	浙江大学出版社
	（杭州市天目山路 148 号　邮政编码 310007）
	（网址：http://www.zjupress.com）
排　　版	云水文化
印　　刷	杭州宏雅印刷有限公司
开　　本	710mm×1000mm　1/16
印　　张	19.25
字　　数	278 千
版 印 次	2022 年 12 月第 1 版　2023 年 12 月第 2 次印刷
书　　号	ISBN 978-7-308-23428-3
定　　价	88.00 元

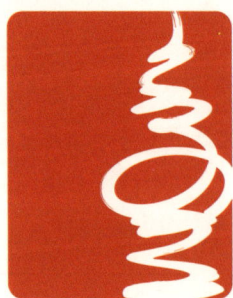
HIURC 杭州城研中心